輕鬆說

100 STORIES

好故事

作文滿分、簡報加分的名人格言100則

作者 白千澄

‧作者序‧胡椒、玫瑰、哈巴狗，不管那些名人說了什麼，都給我來一點吧！

當我還是花樣少女的時候，像一隻掉進蜘蛛網的蟲子，從頭到腳都感到迷惘，旁人會說：「不知道就問啊！」可是，我連自己有什麼問題都不知道，怎麼問就更不知道了。

等我活得更久一點，發現很多人的內心還是花樣少年少女，在人生小舟上搖呀搖，正確的方向在哪兒不知道，走歪了沒有就更不知道了。

我跟許赫老師聊這些事，長大的我們，萬一不小心路走歪還有得救嗎？

正在寫一萬首詩的許赫老師，告訴我一個輕鬆的方法。

「把名人的格言拿出來用啊！格言背後一定有耐人尋味的故事，可以很快地開拓一個人的視野，說不定還有不為人知的祕辛可以發掘！」

於是，我找了許多格言來讀，順手把格言用在朋友的自傳上，借助名人之力，一句貫穿核心，有情感又有力量，還有意在言外的深度故事，我朋友的眼睛為之一亮，說他很需要一本格言書。

朋友說，上班族真的很需要，做不完的簡報，突然還要交個提案，此時，有百句世界格言和百位名人小傳的一本格言書在手翻，勝過百書靠邊站，在會議桌上、午茶片刻不經意的掉個書袋，或救個場、圓個場，都能為自己加分不少。學生族多背幾句格言，也會從不知所云變得言之有物，不至於腦袋一片空白。

路途遙遠我知道，但沒想到竟跑了五大洲、穿越了二十六個世紀，長征如此巔簸、歷史如此離奇，比看懸疑電影還要震撼人心。你只要打開書頁，就會知道故事有多少，每個名人的故事多到難以取捨，還有，名人們的黑歷史，實在嚇壞我了！尤其寫到「誠信」，話說得好聽的名人，半數禁不起檢驗，我繞大圈的精挑細選，還老遇上詐欺嫌疑犯，來來回回不知重寫幾遍。

格言提醒我，千萬不要被名人的光環所誘騙，還有，讀書一定要雜食，紙本書跟網路文一樣，也會「歪樓」，某個作者的一個手誤之後，「德」國和「英」國就混淆了，更可惡的是蓄意詐欺，一本假尼采語錄拼湊著來路不明的語句，所以，我又東奔西跑的鑽進名人們的作品集，一一找出原文的源頭。

就像馬拉松選手跑進大沙漠，我跑到心臟快停了，覺得自己快不行了，感謝我的旅伴，秀威的編輯柚子的給力支持，作為民族學學者的許赫的一路指引，從人文關懷的角度出發，經過團隊的一校再校，傾盡全力的避免錯誤，在朋友的加油聲中，我終於跑到終點。

這是一本時代之書，向偉大的人類文明與網路科技致敬！

目　次
CONTENTS

1 時間

誰能掌握時間的韁繩，誰就是生命的主人，誰被時間所鞭策，誰就是生命的囚徒。

前言

時間，無色、無味、無影、無重，它是一頭拉不住的野馬，直奔不可逆的單行道。人類發明了沙漏、時鐘來測量時間，以秒、分、刻、時、週、日、月、季、年、甲子、世紀來計算時間，誰能掌握時間的轡繩，誰就是生命的主人，誰被時間所鞭策，誰就是生命的囚徒。

小時候聽到廣播報時，「下面音響，中原標準時間十二點整」，誤以為全世界的時間統一，長大後才知道，地球的時間點由太陽決定，地球自轉一圈就是一天，太陽照到哪裡，哪裡就是白天，北半球白天時，南半球黑夜，北半球夏天時，南半球冬天，各區之間還有時差，臺北八點時，東京九點、法國一點，所以，國際大飯店的牆上會掛滿各國時鐘，不只是為了裝飾呢！

時間，是真實的，長長短短測得出來；時間，也是虛幻的，分分秒秒感受不同。比如「一日不見，如隔三秋」，時間像黃昏時的影子，被拉得老長老長，又如「光陰似箭，一轉眼已過二十年」，時間像濃縮過的膠囊，被擠得好扁好扁。

因為時間就是生命，使用時間的方式決定了生命的樣貌。好比說，熱愛運動的壯漢，成為跑者；迷戀美食的老饕，成為胖子……。因此，本書第一章的格言主題為「時間」，挑選的十則格言分由歷史名人親身示範：善用時間的好處與意義，浪費時間的原因與後果，以及遵守時間的重要性。站在偉人的肩膀上，建構新的觀念秩序，你也可以聚攏時間的細碎流沙，成就屬於自己的非凡人生。

在時間的大鐘上，只有兩個字——現在。

威廉・莎士比亞（十六～十七世紀的英國劇作家）

立刻、立即、立時、馬上、當下，說時遲、這時快。

昨天品嘗的大餐、明天將來的大考，都不如「現在」想上大號來得急迫、重要！現在，可以做的事很多，但是，人們喜歡拖延一下，把事情丟給「未來」，未來又丟給未來，最後一事無成就是這麼來的。

如果，你家時鐘沒有跟著「現在」往前走，代表它該修理；如果，你的腳步沒有跟著「現在」往前走，是不是代表你也該……修理了。如何知道自己沒有往前走呢？要是你前、前、前年跟今年的願望一樣，希望英文好、賺大錢、找到伴，唉，時間已經走得遠遠了，而你還在原地打轉呢！

現在，依舊是莎士比亞的年代。

莎士比亞從四百年前活到現在，會很爽自己的名字依舊是戲院的票房保證，將近四十齣戲的演出次數世界第一，而且，太多的經典對白，成為生活格言，隨處聽得到：「人生苦短，若年華虛度，它就太長了。」（The time of life is short ; to spend that shortness basely, it would be too long.）這是《仲夏夜之夢》裡的臺詞。

他是如何辦到的？莎士比亞十三歲之後因父親破產而輟學，二十歲後到倫敦從雜役、演員、導演、編劇做到劇院股東，筆下人物的用詞廣泛，當年，他不只是匯集民間語言的高手，也是創造新詞佳句的天才，若活到今天，想必會是名響噹噹的人氣網紅！

時間是一個偉大的治療師。

英國諺語

唰！不小心被紙劃一下，手指頭竟天外飛來一筆血痕，這時候，有個人安慰你：「明天就好了。」立刻感覺沒那麼痛，連藥都不用擦，明天真的就好了。

嚇！心裡頭最深處的祕密，臉書上竟被好友傳得沸沸揚揚，這時候，有個人安慰你：「過段時間就沒事了。」反而更激怒你，但過段時間，你真的麻痺了，嘴長在人家身上，愛造什麼口業，隨便！

明明知道不能愛上不回家的人，偏偏用只要我喜歡有什麼不可以的熱情，引發不可收拾的災難，燒得自己與別人遍體鱗傷之後，怎麼辦？

時間是一個偉大的治療師。有些人體質強健睡個覺醒來，一夜之間就得到癒合，摔倒的裂口、失戀的痛苦，經過秒秒分分的醫治，都會化為淡淡傷痕、如煙往事。

諺語像家常菜，說的人順口而出，聽的人容易消化，簡單而深入。

同樣的諺語，英國有印度也有，人種些許不同，但人性是相通的，說法稍有出入，意思是相近的，就好像不管吃進肚裡的是麵包還是米飯，放出來的屁都是臭的。

注意！警告！英國人除了愛說諺語，特喜歡到處寫「警語」，在香菸盒上寫「吸菸危害你的寶寶」，信用卡上寫「不繳款的後果嚴重，使你的未來借貸困難」，不知道為什麼，警語愈寫愈大，抽菸和欠錢的年輕人愈來愈多，另外，每個燈泡包裝上都有：「Do not put that object into your mouth.」叫大家不要把燈泡放進口中，拜託！誰會做這種無聊的事，為什麼燈泡不能放進口中呢？慘了！燈泡卡在口中，拔不出來了，Help me！

（作者警語：危險行為，請勿模仿！）

時間是由分秒積成的，善於利用零星時間的人，才會做出更大的成績來。

華羅庚（二十世紀的中國數學家、教育家）

不要以為武林高手整天都在練功，人都要吃喝拉撒，偶爾也有交際應酬。說白了，練功不過是蹲馬步的功夫，你願不願意每天幾分鐘，紮紮實實的蹲幾回馬步？每天幾分鐘，一年幾千分鐘，十年幾萬分鐘，一不小心三十年、五十年過去了，自然成為高手。

專業與業餘，最大的差異在於「時間的運用」，所以，不要小看零星時間，它決定了人的高下。

讀者多以為大塊文章是用大片空檔織出來的，其實，科技時代的半天沒事比滿月漲潮還難得，不拼湊些細如星砂的時間，別說寫書，連簡訊也沒空發了。

小時候的華羅庚，常玩到一半就陷入思考，被玩伴戲稱為「羅呆子」，這個呆子出生在一百年前的滿清末年，十六歲因貧窮而輟學（這個情節有點眼熟），只有初中文憑，一邊在家顧雜貨店，一邊自己學數學，四年後以一篇論文破格進入清華大學，從助理員當到正教授，自學多國語言，還出國留學及任教，國際數學界將他的研究稱為「華氏定理」，被譽為「中國現代數學之父」，諷刺的是，中國的文化大革命將他往死裡整，恢復職位的他已是老人，應邀到日本的大學用英文演講所做的數學推廣，說完便倒地不起，在掌聲中結束傳奇的一生。

少年華羅庚在顧店時，常因專心算數學，而怠慢客人、算錯帳，氣得華父想燒掉計算紙，街坊鄰居大概想問，老天爺啊，呆子怎麼會變天才！「所謂天才，就是靠堅持不斷的努力」，因傷寒導致腿瘸的華羅庚，後來常把這句話掛嘴上。就好像哈利波特的魔法需要練習，剛開始把一份精神切成好幾塊時，很容易發生短路，零星時間的運用總是在搞砸幾次之後，才能騎著飛天掃帚、進球得分！

善於利用時間的人，永遠找得到充裕的時間。

約翰．沃夫岡．馮．歌德（十八～十九世紀的德國詩人）

兩位老同學，畢業二十年後在銀行前巧遇。

正要去開車的老Ｋ說：「我剛開完會，一起去吃午飯吧。」

正騎著機車的老Ｊ說：「我趕著送件呢，改天吧！」

老Ｋ從公事包裡拿出一個本子：「別急！我送你一本時間存摺。」

老Ｊ邊催油門邊笑：「時間過了就過了，存得住才有鬼。」

老Ｋ收回本子：「我跟你一樣，一天只有二十四小時，但我存得住時間，所以我有時間，你存不住時間，就像狗追尾，成天追也追不上。」

老Ｊ抓住剎車，停下來問：「你說說看，時間怎麼存？」

換老Ｋ笑了：「我二十年前就跟你說過了，提早為未來做準備，是預存時間的第一步，比如你的貨花一點時間綁好……。」

老Ｋ的話還沒講完，老Ｊ的手機響了，「客人在催，我先走啦！」老Ｋ追在後頭，大叫：

「喂——同學，你的貨掉了！」

歌德很忙，能在歷史上留名的人物，都很忙。他一面當創意豐沛的詩人、畫家、劇作家、小說家，另一面是邏輯分明的科學家，忙著收集各種動植物標本，建立自然博物陳列室……。而且，他只要一失戀就寫書，一寫書就爆紅，《少年維特的煩惱》出版兩百多年來，不知安慰了多少少男少女。

歌德忙到沒空坐下，他一向站著寫作。活了八十二年，寫了兩千多首詩，畫了兩千多幅畫……，身為德國貴族，他以法律專才擔任許多公職，同時代的音樂家貝多芬、孟德爾頌，哲學家席勒、叔本華都與他往來友好，但也有幾個不懷好意的對手，有次，一位評論家與歌德狹路相逢，對方高高在上的說：「我從來不給傻瓜讓路。」歌德很紳士的讓開路，「我和你正好相反。」

幽默的人，永遠遇得上好心情。

庸人只想消磨時光，智者總是利用時光。

亞瑟．叔本華（十八～十九世紀的德國哲學家）

為什麼大家一直笑我是輸家？我明明賣命衝刺了！

多年以後，兔子對那場比賽還耿耿於懷，烏龜為了讓兔子消氣，走了一天一夜到兔子家聊天。

烏龜說：「你手長腳長，長得高又大，我手短腳短，長得矮又扁，你一定很不服氣為什麼會輸給我？」

兔子冷笑一聲：「嘿！想不到烏龜蠻有自知之明的。」

烏龜也笑了：「呵！我就是有自知之明，在到達終點以前，不停腳的一直走。」

兔子紅了眼，見笑轉生氣的說：「我是進度超前太多，才躺下來睡個午覺。」

烏龜說：「如果你肯再堅持一下，到達終點後隨便你怎麼睡，你都是贏家。」

兔子餘怒未消的下逐客令：「你說完可以滾了，不要吵我睡午覺！」

哼！兔子依然憤憤不平，做起「齁咻齁咻」的美夢，夢裡兔子贏了烏龜一百萬遍，醒來滿身是汗，累死了！

叔本華有隻狗，叫「世界精神」，因為他最討厭的對手黑格爾，提出的哲學觀點叫「世界精神」，在柏林大學授課時，叔本華故意與黑格爾同時開課，結果，只吸引到三個學生，相反地，黑格爾的學生滿到走廊，霍亂發生時，留在柏林的黑格爾死於疫情，怕死的叔本華逃過一劫，他在二十來歲完成的重要著作——《作為意志和表象的世界》，直到七十二歲印了第三版才引起轟動，影響了後世包括弗洛伊德、尼采等思想家，堅持了幾十年，終於成為烏龜勝利組。

叔本華出生在普魯士王國跟拿破崙打過仗的年代，留學英、法兩國，通曉多國語言與拉丁文，優游音樂、詩歌、歌劇、繪畫等藝術領域，父親是銀行家，母親是作家，表面上是有錢又有才的富二代，實際上沒人關愛，是位悲觀主義者，他的身體渴望擁抱，心靈卻離群索居；他是冷酷的哲學家，也是火爆的神經病，他最討厭「笨蛋」與「噪音」，尤其是「笨蛋發出的噪音」，一生輕蔑女性的叔本華，除了與母親斷絕往來，也因害女鄰居終身手殘，被法院判決賠償二十五年。

對旁人來說，叔本華的言行比他防身用的那把槍還危險呢！

你為你的玫瑰花所花費的時間，使你的玫瑰花變得重要。

安托萬・德・聖－修伯里（二十世紀的法國飛行員、作家）

一盆從店裡買回來的花，花開、花落，幾天之間看它歷經生死，有一點感傷，但移到陽臺去，遺忘了就沒事。同樣一盆花，春、夏、秋、冬不離不棄的照顧它，見它枯木逢春、冒出新芽，心裡的感動、快樂大過於去年，因為，這盆花，不再是匆匆凋謝的客人，在一年的時間之中，投入心力的過程之間，它成為主人心愛的寶貝。

照理說，把時間灌溉在哪裡，哪裡就會開花結果對不對？哎呀，可是，天不遂人願，熬夜趕了兩三週的作業，出門就慘遭悲劇，被雨水打濕就算了，還被車子輾過；然後，人在精神錯亂的時候，會把寫了兩三年的文章，毫無備份的一指刪光，心痛！捶胸頓足只會更痛，摔鍋砸碗更是擴大災情，還是擦乾眼淚，趕緊動手重寫才是捷徑呀！

你不知道《小王子》？

不認識現任法國總統，算是正常人，不認識大名鼎鼎的小王子，就有可能不是地球人了。小王子離開他的星球與心愛的玫瑰去旅行，當他繞了宇宙一圈飛回B612小行星，赫然發現有一個很像他的小王子，在照顧著他曾經照顧的一切，小王子心碎的抓住經過的風箏，離開了。

小王子的童話故事裡，有圖、有文，有童真、有世故，有詩意也有哲理，深深觸動了大人小孩的內心世界，作者修伯里把經歷與感受融入作品，從一九四三年發行第一版起，這本圖文書至少翻譯成兩百五十種語言，光中文就有七十個版本，全世界已賣出兩億多冊，據說世界上比它暢銷的書只有《聖經》。

修伯里是一位熱愛飛行的法國空軍，曾在撒哈拉大沙漠墜機，渴到差點死掉，被人救回來，再次墜機就沒那麼幸運，他將生命獻給了熱愛的飛行，不只小王子的故事很迷人，修伯里本身的故事也很耐人尋味。

拖延是時間的竊賊。

愛德華・楊（十七～十八世紀的詩人、劇作家）

律師、建築師、會計師……考證照很難，找工作更難，等到上班後，發現最難的是決定午餐吃什麼？排骨？雞腿？野菜？百菇？

花一分鐘決定好午餐的人，半小時已經完成一份報告；拖了半小時才決定吃什麼的人，往往覺得這題太難了，啊不然跟昨天吃一樣的好了。

數學、國語、社會……啃這些很難，記下來更難，到了考試前，發現最難的是沒時間唸書，自認用功的小零花了一晚上，倒轉監視器查查時間到哪去了，原來，自己打開課本沒多久，就會去上廁所、翻冰箱、講電話，可恨的是找出原因後，該上床睡覺了。

時間的小偷，正是日復一日、拖拖拉拉的自己。

愛德華・楊是畢業於牛津大學的法學博士，父親是索爾茲伯里大教堂的院長，與皇室、貴族、教會的關係良好，受到父親庇蔭的他拒絕了牛津大學的終身教職，一心發展詩與劇本的創作生涯，也獲得沃頓公爵超過百萬年金的贊助。

這位十八世紀的青年才俊，他的劇作上演時轟動一時，詩作流傳於達官貴人之間；但他也曾青黃不接，控告贊助人違約才拿到錢；捲入泡沫經濟，靠著諷刺詩賺進三千多萬的收入，才填補股市虧空。

這位功成名就的得意詩人，後來既是王室牧師，兼領兩所大學補助，為何會成為憂愁的「墓園詩派」創始人呢？那時他五十幾歲，繼女、女婿、妻子接連離世的悲痛，讓他輾轉難眠的寫下「拖延是時間的竊賊」等句子，思考生命與機會如何迅速消失……，《夜思錄》成為他的傳世詩篇，長約萬行的無韻詩中，充滿死亡的感傷。

愛德華・楊認為個人的原創性比「向經典致敬」來得有價值，終成一代名家，德國小說家歌德坦言，《少年維特的煩惱》中的沉悶情懷，便是受到楊的文字感染。

活到八十四歲的楊拖到臨終前，才原諒無禮的兒子，贈與全部遺產，長久不相往來的父子倆來不及相見，一生親情緣淺。

不守時間就是沒有道德。

克里斯蒂安・馬蒂亞斯・特奧多爾・蒙森
（十九～二十世紀的德國哲學博士、作家）

道德是什麼東西？道德跟時間一樣，看不到也摸不到。偷偷的用餿水油炸雞，默默的在游泳池撒尿，悄悄的把他人創作佔為己有……是缺德的，就算沒有別人知道，也逃不過良心的譴責，半夜關起門來自己嚇自己：喲！這心也太「黑」了！

最後一個上車的遊客說，「哪有這麼嚴重，只是遲到十五分鐘。」導遊換算一下，「你浪費全車四十個人的十五分鐘，加起來六百分鐘，等於十小時。」遊客大驚失色，導遊繼續算下去，「如果沒搭上飛機，你要賠的機票錢是五十萬，如果當天沒有機位，你還要賠住宿費二十萬，總共七十萬。」遊客聽到這裡，只恨地上沒洞，不然就地掩埋算了，實在沒臉面對大家。

司機都懂得不遲到的訣竅，不要把行程排得太滿，要保留彈性時間，應付路上塞車、廁所爆滿和有人遲到的狀況。司機說：「不要把生活安排的太趕，早點準備出門，就不會遲到。」要是你常瘋狂的趕時間，為遲到而道歉，表示你該斷捨離一些人事物咯！

蒙森是哲學博士、歷史學家、法學家、政治家，也是多產作家，著作多達一千多種，以累積三十年的文學巨著《羅馬史》獲得一九〇二年的諾貝爾文學獎，勤奮工作之餘，與妻子生下十六名子女，真不是普通人做得到的厲害。

少子化的科技時代，我們要花很多時間滑手機、追劇，沒辦法像蒙森在各方面的成就，也生不了那麼多的小孩。那……至少不遲到，唉！其實也很難吔；那……可以不早到吧，明明約九點，七早八早跑去按門鈴，把人家從睡夢中硬挖起來，也很令人傻眼呢！

把每一天看作生命的最後一天。

海倫・亞當斯・凱勒（二十世紀的美國作家、身心障礙者）

當你在馬桶上大便，手邊只有一張紙，一定會摺了又摺，摺到不能用為止；當身邊有一包紙，自然是隨意使用，反正用完一張還有下一張。這就是為什麼海倫・亞當斯・凱勒會說，把活著的每一天看作生命的最後一天，避免人們浪費了一天又一天，直到生命最後一天都沒活出自己的價值。

當你把力氣集中在一點時，就像用放大鏡聚集陽光，可以得到引火燃燒的高熱能量；當你把力氣分散在一百點，便會暈頭轉向而疲於奔命，卻得不到可以證明價值的一點成果。

把生命當成一個水瓶，你必須找出最有意義的大石頭，佔滿主要的空間，再放入學習、購物這些小石頭，最後填滿聚會、溝通等細砂，還能再悠閒的插花、注水，按照大小順序安排，水瓶的容量會比想像中的驚人；要是反過來，先悠閒的注水、插花、填細砂，忙於喝下午茶、逛街約會，卻遲遲騰不出時間寫履歷表、找工作，更別提夢想已久的空中樹屋，將一直停留在空想之中。

海倫・凱勒出生於一八八〇年，是哈佛大學有史以來獲得文學學士學位的盲聾者，在聽不到又看不到的情況下，盲聾人往往成為不會說話的啞吧，但她用盡方法積極學習，成為可以使用英語、法語、德語、拉丁語、希臘語的作家與教育家，在世界各地爭取興建盲人學校，以自己的經歷，鼓勵身心障礙者克服苦難，動手打開幸福之門。

海倫・凱勒活了八十七歲，被推崇為人類的驕傲、善良的典範。可是，深入想一想，真正厲害的人應該是陪伴她近五十年的蘇利文老師，先天那麼難教、後天如此蠻橫的學生，都可以教成世界名人，勇於對抗命運的海倫・凱勒，從來不是大家想像中的溫和派，她可是熱衷於社會主義的激進分子呢！

有了時間還去尋找更理想的時間，其結果必然是浪費時間。

喬治・赫伯特（十六～十七世紀的英國詩人）

時間彷彿罪人，一年到頭被罵。

時間覺得無辜，自己一向勤勤勉勉、公正無私的前進。

但，時時刻刻有人大罵時間不夠，做什麼都來不及，可惡的時間！

又，分分秒秒有人大罵時間太多，為什麼等那麼久，可恨的時間！

時間分明是可愛的，它讓花開得嬌豔欲滴，它讓樹結滿肥碩鮮果。

擁抱時間的人，早早釀下吃不完的葡萄；放縱時間的人，要等葡萄發臭才後悔不已。

總有一天要清空屋裡垃圾的人，在那天到來之前，都住在垃圾屋中。

每天倒垃圾的人，一直住在乾淨屋裡，不用等那天的到來。

詩人赫伯特也認為錯不在時間，「別等了，時間永遠不會恰到好處，從你站的位置開始使用你任何的工具，隨著時間推移找到更好的工具。」

在英國，二月二十七日是詩人赫伯特的紀念日。

喬治・赫伯特以精確的語言、謙遜的機智，奠定宗教詩人的地位。他出身於貴族家庭，母親在父親逝世後，將年幼的他和九名兄弟姊妹從鄉村帶到倫敦，他在劍橋大學完成學士、碩士學位後，留在劍橋任職，並擔任公共演說家，由於母親的願望，他一心想進教會工作。

不過，受到英王詹姆斯一世的延攬，他和父親一樣被選為議會代表，兩年後，英王駕崩，他拋開高官厚祿跑到鄉下教會，終於成為精神富有的聖職人員，雖然手頭拮据，一座由詩人賣地集資而重建的「聖瑪麗教堂」，現今仍是當地的信仰中心。

滿懷愛心的赫伯特，會提供物資給貧寒家庭，當上牧師後，經常為病患主持聖禮，給予祝福。對於當時的人而言，時間之神有一個清晰的形象，他是留著鬍子的長袍老人，隨身帶著沙漏與鐮刀，時間的到來如同死亡的逼近。

赫伯特不到四十歲便與世長辭，他的詩句如此形容：「肉體只是漏壺，裡面裝著計時的沙粒，而這只漏壺本身最終也將變成沙粒。」

時間如風，將有形沙粒吹得無影無蹤，唯有靈魂永恆不滅，過去和未來都不可追，現在就是最好的時間點。

2 友誼

老朋友，是溫潤的老歌，舒適的家常；
新朋友，是初識的新曲，陌生的衝擊。

前言

咖啡廳裡的古典樂、巴薩諾瓦，酒吧裡的電子舞曲，街頭表演的民謠音樂，教會裡的福音音樂，電視劇裡的流行音樂，跑車呼嘯而過的搖滾音樂，五花八門的音樂早和我們融為一體，如同形形色色的朋友。

朋友，大多是生命中的不同旋律，偶爾會出現不可思議的相似旋律，彼此之間，或者扞格不入，或者知音共鳴；朋友，大多是生命中的小小插曲，偶爾會出現幾段成為主旋律，相互之間，或許吵成雜亂音，或許組成協奏曲；朋友，讓人有機會坐上雲霄飛車，在每個彎道放聲尖叫，讓人生高潮起伏、低迴婉轉，不只是一部平淡單調的獨奏曲。

沒有朋友，就沒有辦法知道自己的音域在哪，每一次的摩擦落差，都是一次窺望世界、省視內心的大好契機，照見別人的觀點與自我的盲點。

老朋友，是溫潤的老歌，舒適的家常；新朋友，是初識的新曲，陌生的衝擊；我們需要老朋友，作為安穩的主調，被擁抱與寬容；我們需要新朋友，體驗萬象的流動，被刺激與開闊。源源不絕的朋友來去，如春秋更迭的四季之歌。

朋友，在於一條線的連繫，彎彎曲曲的變化，有時共度的歲月美如蝴蝶結，有時分歧的理念無法交集，情感上又切割不開，懸掛的一個個心結，需要一份巧思與耐心的和解。

交朋友的過程中，沒有人一路悠揚，所有人都是坑坑疤疤的前進，想要有一份真友誼，自己得先成為足以肝膽相照的朋友，有勇氣脫掉完美的外衣，露出身上的稜角與傷痕，也坦然接受朋友的漸入與淡出。

友誼是點綴青春的最美花朵。

池田大作（二十世紀的日本作家、佛法哲學家）

年少時的朋友，像一座座的島嶼，有獨特的語言、氣味與思想，跟一個朋友交往就好像出國旅遊，大開眼界的文化撞擊，毫無保留的真情流露，大人世界裡微不足道的「小事情」，卻是青春年代中印記深刻的「里程碑」。

友誼的美麗，在於它只是點綴的花朵，插秧的田地靠自己耕耘，整天甜膩的狐群狗黨，耽誤的只是彼此的青春。金色年華，一個人織不出錦繡時光，在攀山越嶺的人生旅途，朋友是勇往前進的目標，是並肩同行的支持，只有互相角力與擁抱，才能看清自己與朋友原來是哪一色的人。眾人搶食的八寶彩虹冰，單挑廝殺的一灘鮮紅血，都讓回憶有滋有味，成為十年、二十年後一起倒帶、添油加醋的材料，對長壽的現代人而言，五、六十歲思路清晰，正是重溫舊夢、重尋舊友，一起退休創業和發展興趣的好時機呢！

池田大作的青春期，遇到了毀滅性最強的第二次世界大戰（西元一九三九～一九四五年，以下簡稱二戰），當兵的大哥在緬甸喪生，而他家被空襲炸毀兩次，發動軍國主義的日本，也遭受戰爭的無情迫害，讓他決定一生投入「人間革命」，他所創立的「國際創價學會」擴展到近兩百個國家與地區，與一千兩百萬會員共同追求和平與人權，催生出一系列的文化機構與活動，是池田的初心與成就。

池田以筆會友，以藝術、宗教、箴言、童話等著作跟男女老少交朋友，池田也以言會友，與各國卓越之士對話後結集為對談集。他想告訴年輕朋友，不必執著友情非得持續一生不可，不要太在意友情的自然變化，唯有在寬廣的心胸中，才能孕育偉大的友情。

「從人生中摒去友情，就等於從世界驅走太陽。」這是池田大作經歷悲歡哀樂的人生總結，他是世界桂冠詩人、諾貝爾和平獎得主，也是日本社會不可忽視的宗教領袖。

當你還沒找到好朋友時，先把自己準備好，因為，真正的友情是自強不息，而不是誰賴著誰。

建立和鞏固友誼的最好方法，莫過於互相信賴的閒談心事與家常。

約翰・洛克（十七～十八世紀的英國哲學家）

「早安！」一句親切的招呼，就能柔軟人與人之間的關係。

「最近好嗎？」一聲簡單的問候，即可融化朋友之間的冰層。

從商或從政的人，擴大事業版圖的第一步，就是站上街頭向陌生人問好、握手，送上小禮物，傳遞友善與連絡訊息；而個性內向、害羞的人，看似簡單的問候也需要鼓起勇氣，一步步從微小互動中，時而退縮、時而往前，漸漸學習與人交往的幸福。

朋友，是人生不可或缺的一部份，有如陽光、空氣、水，就像出門要擦防曬乳、搭公車要戴口罩、喝水要過濾，朋友之間也要有健康防線，不要把密碼交給別人，好好保護自身的重要資訊。

大野狼：「羊兒、羊兒請開門，我是你爸媽的朋友，叔叔帶點心來看你們咯！」

小綿羊：「可是，你不是我的朋友，我爸媽回來時再邀你來玩吧。」

小綿羊能區分朋友界線，保護自己又不傷情誼，表示爸媽的教育成功。

約翰・洛克是出生於一六三二年的英國哲學家，也是經驗主義者。他認為每個人生來是一個空櫥櫃，正面的教育可以推動孩子各方面的成長，負面的引導會讓孩子陷入恐懼牢籠，父母在子女幼小時要嚴格鍛鍊，子女稍長後要像朋友般相處。

洛克用哲學思考，打破當時盛行的直覺迷信，以邏輯推理、實驗證據來歸納結論，三權分立的政治哲學，在一七七六年的美國獨立時落實，成為現代民主政治的基礎。

小小的念頭、無形的思想，巨大的力道能直達千百年後，改變未來的世界。約翰・洛克關心的領域很廣，宗教、自然、人權等都有著作。檯面上，是個反對貴族的自由主義者，也是為奴隸發聲的朋友；不過，他在私底下暗推貴族制度，而且是奴隸公司的投資者。

朋友是狼還是羊，從閒談家常之間，便能窺見一些端倪了。

友誼，可使歡樂加倍，憂愁減半。

法蘭西斯・培根（十六世紀的英國哲學家、政治家）

浩宇一個人在書房的時候，總懷疑朋友都是假的。在夏令營認識的偉誠，兩人同吃同住黏了三天兩夜，在你演我猜的機智遊戲中默契十足，現在，卻連偉誠的臉都想不太起來，就像小說裡的哈利波特，闔上書本後便記憶模糊，失落的浩宇，孤獨到彷彿全世界只剩自己，到處翻找電話號碼，提心弔膽的撥出電話，嘟——。

電話接通的時候，浩宇不再是一個人，偉誠也有了夥伴。

浩宇：「段考快到了，我數學都不會。」

偉誠：「段考快到了，我自然聽不懂。」

有默契的兩人，聯手來個考前大猜題，交換筆記、互當老師。

浩宇：「段考考完了，我數學考很好。」

偉誠：「段考考完了，我自然進步了。」

友誼是煩惱的縮小機，也是喜悅的放大機，與好友分享一個好消息，嗶嗶剝剝的就會變成一袋爆米花，令人吮指回味無窮。

培根的名字很美味，Bacon就是漢堡裡常見的煙醺五花肉，他與許多有才華的偉人一樣，集政治家、科學家、文學家、哲學家等多種角色於一身。出生在英國倫敦的貴族家庭的培根，從小體弱多病、頭腦強健，一路披荊斬棘，升上英國大法官的高位，卻在一次鬥爭中被踢出政壇，但人才永遠不怕沒有舞臺。

培根成為現代實驗科學的創始者，《新工具》一書在一六二〇年出版，「知識就是力量」的響亮口號，至今震撼人心；《培根論文集》被譽為萬國之書，任何人都能在書裡找到與自身的關連，論真理、論嫉妒、論友情，將近六十篇的主題，系統歸納形而上的人生。

培根說他自己的命運類似老普林尼，會為了維蘇威火山的實驗喪失生命。當時，他已經六十五歲，出門要有醫生陪護，還堅持親手把雪塞到雞肚裡，在野外的雪地中觀察結凍的過程，結果感染風寒，他在病逝前，寫信告訴朋友實驗成功了！

他證明了雪跟鹽一樣可以防腐，冷凍有助食物保鮮，也會將人活活凍死。

朋友，是一個靈魂居住在兩個軀體裡。

亞里斯多德（前四世紀的古希臘哲學家）

大鵬一直在學習交朋友，到底什麼樣的人才算是朋友？

有次，大鵬和初見面的朋友聊了好久，這真是人生奇妙的瞬間，說不出內心洶湧的狂喜，如此不同生長背景的兩人，竟好像是另一個自己！人與人之間，彷彿有一道密碼鎖，有些雙胞胎不管離得多遠，都能感受對方的冷熱，有些父子無論靠得再近，都不能體會對方的悲喜。大鵬想，交朋友是直覺、是本能，每個人心裡都安了一道感應器，可以一秒察覺誰是朋友，誰不是朋友，只是，被虛偽、利益種種雜質遮掩的時候，感應器就會不靈光了。

大鵬的爸爸說，當你長大愛上一個美好的人，用齷齪手段搶先機，終究和她走不到一起，你只能成為另一個美好的人，才會成為他的同行伴侶。人與人的隔閡，不是來自於外在的樣子，而是內在的靈魂。知心的朋友，可能是有血緣的姊妹、甥舅，也可能是沒血緣的兩代人、兩國人，彼此的心有靈犀，可能來自長期生活的積累磨合，也可能是源於天生本質的一拍即合。

為什麼好多格言都是哲學家說的？因為這是他們的專業。

哲學不能讓人吃飽睡暖，但能使人吃得下睡得好，順暢消化腦中的廢棄物。裁縫的專業在於針線的手藝，哲學家的專業則在於思考的功夫，而且能用言語精準的描述領悟，一般人看不了專家寫的長篇大論，輕巧實用的格言小語則在民間廣為流傳。

亞里斯多德是亞歷山大大帝的老師，他創立了生物學、邏輯學、心理學，將倫理學、政治學分開，他的學說上通天體、下剖人體，著作遍及各個面向，為西方哲學奠定第一套百科全書，可以說是維基百科的祖師爺，即使若干科學概念已被推翻，也不能動搖他領導地球兩千年的思想地位。

人生最重要的是什麼？蘇格拉底為追求智慧而死，亞里斯多德主張要活出自己的幸福，聽起來好像廢話連篇的「現代常識」，可是歷代哲學家苦思凝結的「智慧結晶」。

選擇朋友要慢，更換朋友要更慢。

班傑明・富蘭克林（十八世紀的美國出版商及政治家）

半夜，你在路上遇到一個人，決定跟他做朋友，聽完朋友的悲慘遭遇，暗暗發誓要憐他愛他，絕不無情無義的拋下他。喔！喔！喔！雞啼之後，你發現「朋友」竟然是鬼！鬼的妝融了，眼珠子滿地亂滾，所以，你不但不幫忙撿，還一手扳斷鬼的長指甲，一手拉著鬼的長頭髮，一腳將鬼「送」回墳墓堆。

「前面來了一個鬼，長長的頭髮面如灰，你咿呀你咿呀你是誰？我咿呀我咿呀我是鬼，我來找你作伴，給我安慰。」小時候，媽媽為了教你不要鬼混，還把叮嚀編成歌教你唱，提醒你交朋友、換朋友都要慢，就是怕你常在鬼堆裡混，會視人不清！

誰要跟鬼做朋友啊！你後悔自己急！為什麼不等天亮看清楚呢？結果傷了鬼，自己也成為鬼口中的壞朋友。

富蘭克林的頭像被印在百元美鈔上，不只因為他很有錢，推動美國獨立，而是他跟別的偉人一樣，一天當兩天、一塊錢當兩塊錢來用，勤儉正直、奮鬥不息，一人身兼多職，一面是印刷商、出版商、作家、記者，一面又是政治家、外交家、慈善家、科學家，發明了避雷針、雙焦點眼鏡、尿導管、里程表等，還開辦全美首家醫院。他在一七三三年出版《窮理查年鑑》，四百七十五條智慧格言印在年曆上，教人克己有恆的走向「財富之路」，友愛健康的得到「幸福生活」，是當年僅次於聖經的暢銷書。

兩百多年前，富蘭克林是個上過兩年學校的窮小子，但他的交友廣闊，靠朋友帶來知識與生意；兩百多年後，不少出版商都喜歡跟富蘭克林做朋友，他不但成為「財富管理」的代名詞，大家不花一毛版稅，就能靠著他寫的暢銷書「管理財富」了。

忙著與空心活人做應酬朋友，浪費時間蹧蹋錢，不如和先哲前賢當結拜兄弟，充實靈魂受益多多了。

可疑的朋友比確定的敵人更可怕。

伊索寓言（前六世紀的古希臘故事集）

敵人難以傷你，因為距離很遠，你會躲在碉堡裡面；朋友輕易斃你，因為距離很近，你會開門歡迎光臨。

叩、叩、叩，有人敲門的時候，你要有本事判斷，門外站的是敵人，還是朋友？敵人不可怕，你會全副武裝，做好戰鬥準備，可疑的朋友很可怕，你會卸下武裝，沒有任何防備。

一旦懷疑朋友，就要退一步拉開距離，才有辦法看清楚，是自己多心、遭人挑撥，還是對方鬼祟、另有所圖，給彼此一些時間澄清。

別以為只有戰場和商場，才會出現間諜（又叫：特務、臥底、SPY），這種滲透敵營來獲取情報的「朋友」，在考場和菜市場上處處可見，拋出的耳語是一竿釣餌：「噓！這些精品百貨公司一件三千，我當你朋友才算你三件一千。」正高興靠內線撿到便宜，才發現隔壁攤位免講價，同款衣服一件兩百隨便挑，自己當了冤大頭！

《伊索寓言》是源於古希臘的短故事集，從西元前六世紀流傳至今的版本，融合了伊索與各民族的智慧，主角多是動物或自然現象，如螞蟻與蚱蜢、北風與太陽，用簡單的語言與情節，勾勒出複雜的人性與命運，給當局迷者一記棒喝。

傳說，伊索的相貌醜陋，長得高大黝黑、厚唇短臂，身為奴隸曾被轉賣多次，因博學多聞而成為遊歷各邦的自由人。兩千年前的伊索寓言，藉由社會的黑暗醜態，勸人要保持美德，雖然有些該淘汰的舊觀念，但是，宇宙真理永恆不變，豺狼虎豹老是橫行，總有放羊孩子高喊「狼來了」，就算科技進步到星際旅行，伊索寓言也會像恆星般閃亮，提醒人是多麼聰明又可笑的動物，呵！

友誼中的小爭吵跟食物中的胡椒粉一樣好。

匈牙利諺語

花椰菜、四季豆、紅蘿蔔、玉米筍、巴西菇，要湊成一盤色香味美的涼拌菜，少不了調味料的攪和。友誼中的小爭吵，不同意見的拌拌嘴，嘗起來五味翻滾，多出了胡椒粉的辣、鹽粒的鹹、醋汁的酸，去除了各種菜的青澀味，突顯了和好時的自然甜。

好脾氣的書豪，每到中午就看樹菊大口吃肉，而自己吃菜吃到臉綠，終於忍不住鼓起勇氣，說出真心話。

書豪：「你可以不要把便當裡的菜，都丟給我吃嗎？」

樹菊：「我怕你食量大吃不飽啊！」

書豪：「可是，我不喜歡吃菜，我愛吃肉。」

樹菊：「你不早說，我就可以把肉給你，把愛吃的菜留下來了。」

朋友之間，心裡介意的事不說出來，就像喉嚨裡的刺不拔出來，相處起來怎會舒服自在？

虛偽的自己交的也是假裝的朋友，坦率又和善才能擁有真正的朋友。

匈牙利是位於歐洲內陸的小國，面積說小也不小，比臺灣大兩倍半以上，人口約一千萬，多數為匈牙利族說匈牙利語，是一個具有濃烈民族色彩的國家。匈牙利人說自己的國家「胡椒雖小，但是很辣」，盛產各類農產品，被稱為歐洲的廚房。

匈牙利人愛吃蛋，熱愛到將十月的第二個星期五訂為「巴拉頓國際雞蛋節」，舉辦連續三天的慶祝活動；匈牙利諺語也離不開雞蛋，比如：「公雞下面找雞蛋」意指用錯方法；「走在雞蛋上」表示如履薄冰；「雞蛋想教母雞」諷刺自不量力；剛從蛋殼裡出來的人」說的是沒經驗的菜鳥；「逃跑雖然可恥，但很有用」則是拍成日劇、紅遍亞洲的匈牙利諺語，鼓勵人逆境求生，不要放棄希望。

到匈牙利旅遊，記得單數、十三號、星期五是禁忌，當地人喜白厭黑、崇右貶左，叫人「左撇子」，等於是罵他「笨蛋」的意思。

左撇子在匈牙利，大概是只能做，不能說了。

人們不和心靈交朋友。

布萊茲・帕斯卡爾（十七世紀的法國數學家、物理學家）

一片落地的紅楓，令人想起山頭的翠綠，去年秋天一起登山的朋友，一聲聲迴盪天際的叫喚；手邊工作明明忙到日夜顛倒，卻克服萬難擠出半天時間，親自做個生日蛋糕為心愛的人慶祝，這些無法控制的真情實意，就是頭腦推理之外的心靈感受。

從小品學兼優的徐律師，長大後經常西裝筆挺，但衣服怎麼穿都怪怪的，領帶怎麼配都不搭軋，直到在醫院看到小丑的表演，徐律師才驚覺自己的扭曲，他厭惡爭鬥不斷的爾虞我詐，喜歡笑聲不絕的人際互動，所以，外界看起來不光彩的職業，才是最適合他的工作。

夜半時分，徐律師靜下來想想，過去的自己很奇怪，寧可把電視裡的名嘴當朋友，沒有主見的跟著批判，和網路上的陌生人做朋友，口不對心的談天說地，就是不肯留一點時間給心靈，跟自己做個朋友，瞭解自己究竟是誰？不知道自己是誰，如何與他人建立真實的關係呢？

帕斯卡爾一生短暫而精彩，他認為「人的全部尊嚴就在於思想」。可他不只腦子轉得快，手也動得勤，十六歲完成《圓錐曲線論》，十九歲做出世界上第一架機械式計算機，二十三歲製作水銀氣壓計，之後有系統的進行氣壓和真空等等實驗，「帕斯卡爾定理」就是他論證過的幾何學定理。

帕斯卡爾不但是天才數學家、物理學家，也是通透的哲學家、神學家。他在《思想錄》第一篇的第一段，就談到「幾何精神與敏感性精神的區別」，探討一個具有邏輯的頭腦與直覺性心靈，如何共存與分歧，這部在一六七〇年出版的經典名著，法國第一部的散文傑作，其實並沒有寫完，內容拼湊自零星筆記，他在生前整理了一些，最終的章節順序就由與他心靈相通的編輯決定了。

帕斯卡爾早明白「人只不過是一根蘆葦，是自然界最脆弱的東西，但是，一根會思想的蘆葦」。

到頭來我們記住的，不是敵人的攻擊，而是朋友的沉默。

馬丁・路德・金（十九世紀的美國牧師）

沉默如地震，來自根深之處的驚天撼地，不僅將人吞噬，甚至毀族滅國。

德國納粹黨領袖希特勒掀起的二戰，期間約有一千九百三十萬人喪命，其中六百萬猶太人被有計畫的屠殺，曾經支持希特勒的德國牧師馬丁・尼莫拉也差點死在集中營，他在美國的波士頓大屠殺紀念碑上，銘刻一篇懺悔文。

起初，他們追殺共產黨人，我沒有出聲，因為我不是共產黨人；
接著，他們追殺猶太人，我沒有出聲，因為我不是猶太人；
然後，他們追殺工會成員，我沒有出聲，因為我不是工會成員，
之後，他們追殺天主教徒，我沒有出聲，因為我是新教徒；
最後，他們奔向我來，也沒有人站起來為我說話了。

朋友的沉默比敵人的攻擊，更具傷害力，因為這枚炸彈是從胸口爆裂，擊中的是信念與情感，比外傷更令人崩潰、難以癒合。

馬丁・路德・金博士是一位美國牧師，也是著名的演說家、人權運動者，與一九六四年諾貝爾和平獎的得主，他在林肯紀念堂前的演說《我有一個夢》，改變了黑人命運與美國歷史。

……那時，上帝的所有兒女，黑人與白人，
猶太教徒和非猶太教徒，耶穌教徒和天主教徒，
都將手攜手，合唱一首古老的黑人靈歌：
終於自由啦！終於自由啦！感謝全能的上帝，我們終於自由啦！

這是金的夢想，超越時代氛圍、打破種族隔離的吶喊。

金長年在外巡迴演講，頑強對抗政府與恐嚇，仍逃不過被暗殺的命運。那年他三十九歲，美國情報單位早就抓到他婚外情的證據，但他的妻子與媒體對此保持沉默，避免這道污痕掩蓋了金所領導的偉大夢想。

沉默像武器，自衛、殺人還是救人，是朋友還是路人，全憑一念之間的靈活運用。

朋友，是在黑暗中給你力量的人。

《當哈利遇上莎莉》（二十世紀的美國電影）

第一次見面時，哈利是莎莉朋友的男朋友，兩個人從芝加哥開車去紐約，一路翻白眼的交談著。

哈利：「男人和女人不能成為朋友。」

莎莉：「這不是真的，我有一些男的朋友。」

五年後，哈利與莎莉在機場相遇，莎莉是哈利朋友的女朋友，哈利即將結婚。

哈利：「妳想吃晚飯嗎？只是朋友。」

莎莉：「你不相信男人和女人可以成為朋友。」

哈利：「我修改之前的規則，如果他們都有伴侶就可以。」

莎莉：「再見！」

十一年後，哈利與莎莉在書店巧遇，莎莉和男友分手了，哈利離婚了。

哈利：「你想和我一起吃飯嗎？」

莎莉：「我們現在成為朋友嗎？」

哈利給莎莉一個遲來的道歉，兩個人成為無話不談的朋友。

《當哈利遇到莎莉》是一九八九年上映的愛情喜劇，編劇透過真實案例的訪談，創造出經典的對白與情節，以及永不過時的電影議題：男女之間沒有純友誼？失婚多年的導演羅伯萊納，讓男主角哈利像自己一樣的憂鬱、悲觀，而女主角像編劇諾拉艾芙一樣的挑嘴、開朗。水火不容的男女主角本該分手，但導演在電影開拍後，認識女朋友談起甜蜜蜜的戀愛，於是，性格與命運大轉彎，男女主角也跟著導演踏上紅毯。

觀眾看電影時，心裡也上演著內心戲：我是女主角的話，我會把好朋友變成男朋友，甚至老公嗎？我是男主角的話，我會眼睜睜看著喜歡的女人，成為別人老婆嗎？不管怎麼選都有風險……。失戀時，黑暗中有朋友給你力量，一旦朋友跨過界線成為愛人，愛情熄滅了，友誼也沒了，只能獨自一人度過漫漫黑暗。

無論如何選擇，晴空萬里時，記得將熱源存到友誼的太陽能板；夜臨大地時，點一盞燈照亮朋友也溫暖自己。

3 幽默

幽默是漂亮的遮羞布，是堅硬的盾牌，幽默的百變，就看各人如何妙用。

前言

幽默是需要膽識的。

國王穿著一條內褲逛大街，因為騙子很敢說「愚蠢或不稱職的人」看不見國王的新衣。

國王穿著一條內褲逛大街，因為臣子不敢說看不見國王的新衣，怕被發現自己是「愚蠢或不稱職的人」。

國王穿著一條內褲逛大街，因為人民不想說看不見國王的新衣，反正事不關己，不要被當成「愚蠢或不稱職的人」。

小孩說實話不用膽識。

「哈、哈，國王沒有穿衣服。」

小孩的話像一根針，刺破謊言氣球，眾人才敢噗嗤、噗嗤的笑出來。

國王穿著一條內褲逛大街，因為沒有人敢說真話。

如果哪位大臣敢耍個幽默：「聽說國王的新衣很美，可惜這面鏡子很蠢，看不見衣服在哪裡……。」國王砸破幾面鏡子後，應該會醒悟過來，不至於蠢到穿條內褲逛大街了。

打開天窗說亮話，每一句都說得露骨，就不是幽默了。

幽默，是林語堂取的中文名字，他是精通中英文的語言大師，Humour，將英文的風趣賦予更深邃的意思：愈「幽」愈「默」而愈妙，如同洋娃娃來到東方，漸漸發展出在地生活與性格。上乘的幽默，講究真、善、美的內涵，說的人要含蓄優雅，聽的人要默然體會，來去之間的微妙，令人不禁莞爾一笑。

幽默與純粹搞笑的滑稽、心懷惡意的嘲諷，是油水分離的兩個層次。

林語堂把幽默當成一帖藥，治精神僵硬，治虛偽做作，也把幽默作為一場心靈革命，剖禮教的膿瘡，切儒道的迂腐，以幽默的力道四兩撥千金，扭轉壓抑的民族性，讓生命回歸自然天性的流動，想笑就笑，放鬆而自由。

幽默是塊漂亮的遮羞布，防糗狀窘樣，防挫折難堪；幽默是塊堅硬的盾牌，防恐怖攻擊，防流言口水；幽默也是視時務的伸縮棒，進可攻、退可守；幽默的百變，就看個人如何妙用。

不過，幽默不是生來就有，沒有的人跟有的人借用，今人向古人借用，東方向西方借用，用來輕巧又不花錢，沒事多拿一點放身上，臨時急用時就能派上用場了。

良好的幽默感，如同在走鋼索的人生中，為你的步伐增加平衡桿。

威廉・亞瑟・沃德（二十世紀的美國名作家、勵志演講者）

有一位女同學叫阿花，長得八字眉、三角眼、塌鼻子、寬嘴巴，臉方、頭髮粗、身材矮胖，在校花選拔期間，飽受嘲笑眼光，本想去校長室抗議被歧視，忽見一隻烏鴉從頭頂飛過，在一群白鳥中特別顯眼，阿花想，與其哭著躲開，不如轉憂為笑，以醜賣醜的投入選美，經過三番五輪的激烈競爭，竟然得到了高票當選。

「我心美人不美，但只要選我，保證妳比校花還美。」

從此，阿花出名了，阿花的學校也以美女如雲出名了，女同學們個個走路有風，比校花還美，男同學們也處處炫耀班上的女同學，比校花還美。阿花用幽默感為自己扳回一城，不但從壁花變主角，還成為年度風雲人物。

幽默如同走鋼索，要往前走、朝正面看，若往下瞄、朝負面想，那……怎麼死的都不知道了。

「平庸的老師講述，更好的老師解釋，優秀的老師示範，偉大的老師啟發。」

這句名言像其他的網路文章一樣，大家流來傳去，只覺得說得真好，不知道作者是誰，作者威廉・亞瑟・沃德博士，常在各大雜誌發表詩歌，他被引用、再引用的格言不計其數。

二戰時，沃德在菲律賓從軍，回到校園取得學位後，便在校園、教會等地工作，以傳福音的使命感，著作《信仰的噴泉》等書籍，他是樂觀主義的基督徒，也是激勵人心的演講高手。

沃德博士一面提醒要寬恕，「它溫暖心臟，冷卻刺痛」，一面強調要感恩，「感恩可以把日常工作變得歡樂……」，是不是跟佛教法師的宣揚宗旨很像呢？

只要芸芸眾生能被度化，就算作者的名字被抹去，沃德博士也會甚感欣慰。

善哉！善哉！

機智和幽默不存在緩慢的頭腦中。

米格爾・德・塞凡提斯・薩維德拉
（十六～十七世紀的西班牙小說家、劇作家）

有一個笑話是這麼說的，一九一八年榮獲諾貝爾物理學獎的普朗克教授，受邀到德國各處演講「量子力學」，同樣一套內容講了又講，他的司機聽得滾瓜爛熟，也想上臺試試身手，普朗克覺得這提議有趣，到了慕尼黑，便換上司機衣服坐在臺下，只見司機說得頭頭是道，把聽眾唬得一愣一愣，然後，有位物理系教授提了個專業問題……。「你的問題很簡單，我請我的司機來回答。」司機反應靈活的將普朗克請回講臺，本尊三兩下就解決了難題。

同樣是腦子動得快，根基差很大，普朗克是泡在書堆裡的學者，融會貫通全憑真才實力，而司機以為學舌就是學問，能夠複製貼上的不過是花拳繡腿，給外行人看個熱鬧，糊弄一下場面還行，說穿了，沒有紮根的功夫，假的還是真不了。

盜版有如打不死的蟑螂，自古文人都怕它。

一六一四年塞凡提斯還在寫《唐・吉訶德》的續集，市面上已經出現盜版，而且立場和他相反，氣得他拖著病體趕緊寫完，隔年正式出版。

一六〇五年塞凡提斯在監獄寫完《唐・吉訶德》第一部，一個匪夷所思的騎士故事，有如教科書中的搞笑漫畫，一上市就熱賣，只是盜版搶光了利潤，塞凡提斯靠朋友資助才過得下去。

若把《唐・吉訶德》和塞凡提斯的一生對照來看，小說主角似乎不算荒唐，作者本人反而曲折離奇。塞凡提斯擔任過主教侍從，到羅馬走一圈後，加入步兵團到義大利駐紮，沒多久就在大戰中打殘左手，接著隨軍團各地參戰，大命不死，卻在回國途中被海盜俘虜，去非洲做了五年奴隸，逃亡四次都失敗，最後被贖回，因此欠下大筆債務。結婚生女後，塞凡提斯當過皇家軍需官、稅務官，老是得罪權貴、小人，被誣陷入獄好幾回……。

這些令人嚇到吃手手的傻眼經歷，形成塞凡提斯的嘲諷風格，劇作、小說的大受歡迎，讓他成為西班牙世界最偉大的文學家，至於詩歌，他在逝世前向上帝抱怨，事實證明自己沒有得到天賦。

幽默感的關鍵是良性違規。

彼得・麥格考（二十一世紀的美國行為科學家）

溫斯頓・邱吉爾是著名的英國首相，也是以風趣聞名的政治領袖。

第一次世界大戰之前，美國出生的女權主義者阿斯特夫人希望進入眾議院，成為第一位女議員，但是，邱吉爾並不想幫助她。

阿斯特夫人變臉：「如果你是我丈夫，我會往你咖啡杯放毒藥。」

邱吉爾首相笑答：「如果我是你丈夫，我會毫不猶豫的喝下去。」

面對惱羞成怒的阿斯特夫人，一般人多會被激起盛火，雙方你來我往、僵持不下，邱吉爾保持紳士風度的機智接招，以其人之道還治其人之身，讓二度結婚的阿斯特夫人窘得說不出話來，出乎意料的毒到自己啦！

彼得・麥格考博士是科羅拉多大學的副教授，他成立了一個幽默研究實驗室（HuRL），提出「良性違規理論」：幽默是輕微的失誤加上時間，並且以「幽默算法」，排出最有趣的五十個美國城市，第一名是流行冷笑話的芝加哥，顯然人在沮喪時，愈需要幽默。

時間是一種心理距離，發生在誰身上也是一種心理距離，距離愈遠愈好笑，別人放臭屁很好笑，自己放臭屁超想死，幽默就像是一記打擊道德的擦邊球，道德認知不同、心理距離不同，產生的趣味或傷害，只在細細的一線之隔。

有位記者叫喬爾・華納，他對麥格考的幽默理論很是著迷，兩人結伴到全球五大洲，飛了九萬一千英里，相當於繞地球赤道三圈多，到處進行幽默實驗，寫成一本《幽默代碼：全球搜尋使事情變得有趣》。

麥格考還主持「我不會開玩笑」等節目，與各界來賓互動，如此學術性、大陣仗的探討幽默，光這件事，就很搞笑。

麥格考的本業是教授營銷管理和行為經濟學，在倫敦商學院和加州大學開設ＭＢＡ課程，更妙的是，他也擔任過男子曲棍球隊的教練。

幽默沒有旁的，只是智慧之刀的一晃。

林語堂（二十世紀的中國散文家、發明家）

各位先生、各位女士大家好，我是……典禮致詞越講越長，魚貫般上臺的來賓尚未盡興，腰痠背痛的聽眾早已一肚子火，有些膀胱快爆炸了！

「紳士的講演，應當是像女人的裙子，愈短愈好。」

在一場畢業典禮上，林語堂的幽默短語引起哄堂大笑，像沙漠中的一杯冰水，帶來了清涼的氣氛，快刀斬亂麻的終結聽眾的苦難，也讓前面致詞的人微微臉紅，又不致於惱羞成怒。

林語堂身體力行自己的主張，讓大眾感受到以「悲天憫人」之心傳達「莊重又詼諧」的幽默，與動機邪惡不過想逗人發笑的滑稽，兩者之間的區隔就在於智慧之刀的那麼一晃。

林語堂自稱是「一捆矛盾」，身為牧師之子，讀的是教會中學、大學，主要學習語言是英文，畢業後也成為一名英文老師，形成了英文比中文強的矛盾，於是一面補強中國文學，一面支持民國初年的白話運動，後來，到美國唸碩士、德國唸博士，回國在北京大學教書，作風洋派、不拘禮俗的他，倒是堅守父母安排的婚姻，與妻子偕老於臺北陽明山。

中國長大的美國作家賽珍珠跟林語堂的矛盾恰恰相反，賽珍珠用英文寫了一本描述中國農民的小說《大地》，得到諾貝爾獎，也以出版商的身份，將林語堂用英文寫的中國文化打入西方市場，雙雙在世界文壇取得了很高的成就，只是，林語堂發現賽珍珠給的版稅以多報少，一騙二十年，傷心之餘也只好一刀兩斷了。

幽默，是上帝賜給人類的最大祝福。

馬克・吐溫（十九到二十世紀的美國小說家）

德國柏林空軍俱樂部舉辦一場慶功宴，由烏戴特將軍主持，一位士兵在斟酒的時候，把酒汁灑在將軍的禿頭上，彷彿新的戰火一觸即發，在場人士一片肅靜。

「兄弟，你以為這種治療有效嗎？」

將軍拍拍士兵肩頭，一笑置之，風趣言語逗樂全場，消除了空戰英雄們的忐忑緊張，也免除了該名士兵的軍紀處分。

希臘哲學家蘇格拉底長期失業，經常被老婆臭罵一頓，有天更被潑了盆水，「我就知道打雷過後，一定會下大雨。」他不慌不忙的為自己與旁人打圓場。

人生不會一帆風順，遇到禍不單行的日子，比如：生日會上朋友沒來加蛋糕摔壞……，此時，拿出幽默的護身符，至少給自己一個下臺階。

馬克・吐溫比林語堂早生六十年，兩人都是幽默大師、暢銷作家，對未知領域的承受度特別高，不吝於投入大筆版稅在新發明上。林語堂動手研發中文打字機，五十多歲差點破產，靠著教學過著兩袖清風的日子；馬克．吐溫出資贊助蒸氣滑輪機、航務電報、新型排字機等等，五十多歲宣告破產，環球演講四年才償清債務。

生於一八三五年的馬克．吐溫，二十幾歲時擔任密西西比河的領航員，月薪兩百五十元美金，是全美薪資第三高的職業，但南北戰爭襲捲而來，他厭惡殺戮而離開南方。別人看他意氣風發，不知他活在死亡的陰影下，包括幼年時因肺炎去世的父親、沒來得及長大的三位兄姊、跟隨自己當領航員而死於輪船爆炸的弟弟，以及老年時相繼離世的妻女，都令他難以釋懷。

吐溫常拿自己的色盲說笑，以幽默之筆寫出《湯姆歷險記》等著名小說，將灰黯人生塗上繽紛色彩，呵呵，每個笑點背後不僅蘊藏深意，也飽含悲憫的祝福。

幽默作家的幽默感，使他既不饒恕壞人壞事，同時他的心地是寬大爽朗，會體諒人的。

老舍（二十世紀的中國小說家）

說到幽默作家，必得提到明末清初的漢族才子「金聖嘆」，滿腹詩書、文思靈巧，卻喜在科舉考試的卷子上，以戲謔口吻答題，某次會考的題目是「孟子將朝王」，金聖嘆只在試卷四角各寫「吁」，意思是孟子不管是要見哪位王，在京劇中出場時，四位站立左右的侍從必會發出「吁」聲，那就是孟子將朝王的場面了。

吁　吁

吁　吁

如此拿名利不當回事的狂人，也敢拿自己的生命大開玩笑。

金聖嘆與秀才們到衙門告狀，為了罷免貪官、拯救百姓，反被巡撫誣陷死罪，小名蓮兒、梨兒的兩個兒子來見最後一面，金聖嘆吃著酒菜吟詩作對，出了上聯「蓮子心中苦」，見兩子泣不成聲，便自對下聯「梨兒腹裡酸」，行刑前，他跟劊子手咬耳朵，若把他排到第一個，將酬謝銀票二百兩，不過，人頭落地後什麼也沒有，讓劊子手驚呼上當而後悔不及。

吁！

同為幽默作家，清末民初的滿族才子「老舍」，相對於金聖嘆以扶乩為業，老舍中規中矩的考取公費生，以教學為業，曾受邀到英美講學及創作，一枝筆將相聲的幽默，從語言的藝術轉為文學的藝術，以說學逗唱的喜感，寫活了北京生活的百樣味兒，從話劇、曲藝、小說、詩歌、雜文等各種形式滲透出來。

老舍說，所謂幽默感就是看出事物的可笑之處，而用可笑的話來解釋它，或用幽默的辦法解決問題，又說，三言兩語就可以解決的，用不著鬧得天翻地覆。

老舍的父親以身殉國，於日本攻佔天安門時陣亡；老舍以文報國，長期團結文人抗戰。一九六八年，老舍獲得諾貝爾文學獎提名，得票第一而未能當選，他自小經歷八國聯軍的劫掠、八年抗戰的苦難、內戰時期的艱困，卻熬不過文化大革命的折磨，早已一言不發的投身太平湖，因獎項規定要頒給活著的人，日本作家川端康成才能獲獎，這便是老舍回報給祖國的一記幽默了。

如果一個人沒有幽默感，就有大麻煩了。

貝蒂・瑪麗恩・懷特（二十到二十一世紀的美國演員）

日本人注重禮數分際，鞠躬彎腰的謹小慎微，食色性也的尺度卻很大。一本正經的幹著不正經的事，是日本式的幽默感。

中國人講究倫理順序，前情提要說了一堆，在聽者失去耐心前，才抖抖包袱逗人發笑。喜歡大費周章的迂迴鋪陳，是中國式的幽默感。

大大咧咧的做些傻事，是美國式的幽默感；不動聲色的損人還要挾帶典故，是英國式的幽默感；法國人、德國人、荷蘭人、比利時人、蘇格蘭人、愛爾蘭人互相比較、取笑對方，是歐洲式的幽默感，嘴上交鋒的溝通，總比兵戎相見的對峙來得好多了。

即使語言相通，波蘭人不一定聽得懂烏克蘭人的笑點。不同民族與國家會發展出不同的幽默感，要比最幽默的國家，大家各執己見，要比最不幽默的國家，倒是挺有共識的。

「世界最短的書叫什麼？」

「千年以來的德式幽默。」

貝蒂・瑪麗恩・懷特的演藝生涯超過七十五年，第一次獲得艾美獎提名是一九五一年，最後一次是二〇一一年，橫跨六十年的提名紀錄無人能及，也是唯一以喜劇類獲得艾美獎的女性。

懷特高中的時候，很想成為一位森林守護員，但當時不允許女性參與，她八十八歲的時候，美國農業部的森林守護員有三分之一是女性，邀請她成為名譽森林守護員，感謝她四十幾年來為動物權益的奔走，洛杉磯市還在奉獻儀式上尊稱她為「動物大使」。

愛笑的懷特有兩個很深的酒窩，喜歡說笑話和演喜劇，也喜歡熱狗、薯條和紅酒。她一直很忙，忙著和動物與人的相處，也很健忘，所以經常在家裡的兩層樓，跑上跑下的找東西。一九二二年出生的她從不考慮退休，她要一直一直賺錢給動物朋友，源源不絕的得到快樂。

輕巧的幽默，可以改變氣氛，使陷於僵局的懸案豁然解決。

大平正芳（二十世紀的日本政治家）

日本侵華時期，軍閥出身的張作霖坐鎮東三省，後來到北京擔任陸海軍大元帥，人稱張大帥，成為北洋軍政權的最後一個統治者。

有次，日本名流宴請張作霖，酒過三巡後，幾位浪人突然起鬨，久聞大帥文武雙全，請即席賞幅字畫。張作霖雖一介武夫、出身綠林，但「旁聽」過幾個月私塾，當場揮毫寫了一個「虎」字，落款「張作霖手黑」，隨從趕忙提醒，少了一個土，「手墨」成了「手黑」。

張大帥佯裝生氣：「我還不知道墨字怎麼寫嗎？對付日本人，手不黑行嗎？這叫『寸土不讓』！」這麼一喝，不但穩住場面，還向日本人表明態度。

日本自身資源不足，跑來中國要求設廠、挖鑛、開港，好說歹說張大帥就是不肯，一九二八年六月，關東軍炸飛專列火車上的大帥，撼動局勢，四年後日本便占領東北，進軍全中國。

五十年後，日本成立新內閣，由大平正芳擔任首相，並在次年到中國訪問鄧小平。大平問小平：「中國現代化的藍圖如何構思？」

小平愣了一分鐘不吭聲，在此之前的二十年間，商業大學出身的大平協助推動的「國民收入倍增計畫」，讓日本的經濟規模在七年內達到世界第二位。

小平開口道：「讓中國的生產總值每十年翻一番，在二十世紀末翻兩番，進入小康社會，二十一世紀初再翻兩番，達到中等發達的水平。」

這個提問，勾勒出中國發展的具體目標。

生長在香川農家的大平正芳，是個普通的孩子，從政初期的演說連自己都覺得枯燥無味，屬於埋頭苦幹的幕後人物，就像一枝平頭的鉛筆，在刀口下琢鍊久了也會出頭，揣摩出力道合宜的斡旋技巧，他涉獵廣泛的書籍知識，在講演稿上字斟句酌，能站在對方立場予以啟發，就是大平正芳所創造的獨特魅力。

日本解決僵局的方式，從無理惱怒轉為合理幽默，軍國武力變成經濟貿易，是全球稱賀的時代進步，也是北韓等國的好榜樣。

哈巴狗是活生生的證明，上帝有幽默感。

瑪格．考夫曼（二十世紀～的美國電臺評論員、幽默作家）

每個人心中都暗藏風景，從談話中可以窺見裡頭，是日式的枯木山水、杜拜式的金碧輝煌，還是幽谷式的奇花異獸。小世界達到平衡的人，不炫耀長才，能自嘲短處；不貶人為樂，能體貼入微；滿口新鮮話題，走到哪兒都百花盛開，還能讓仇家成親家，所以英國人說：「機智的舌頭往往比幼稚的拳頭，有更大的作用。」

山重水複疑無路，彎來繞去老撞牆，深感痛苦不安的人，依照精神醫師佛洛伊德的分類，可以選擇病態的防衛，如：壓抑、否認、投射、退化、隔離、抵消、轉化、補償、反向形式，也可以選擇健康的昇華，或是抱緊幽默的救生圈，游向柳暗花明的出口。

幽默和跳舞一樣，也講天分，節奏感強的人學得快，步步踩在點上，靈敏度差的人反應慢，但只要有心，人人都能練笑話，開創出笑顏逐開的美景。

瑪格．考夫曼告訴她的聽眾：「如果沒有幽默感，你就無法過上生活。」她是電臺評論員與作家，喜愛閱讀、旅行和哈巴狗，三十多歲被診斷出患有乳腺癌，她照樣工作、寫作、做娃娃屋，只是在專欄中多了關於乳腺癌的笑話，直到她四十六歲上天堂。

生活充滿意外，考夫曼覺得汽車老是故障，事業常有狀況，伴侶、朋友、家人都不在控制範圍，唯一能控制的就是自己的衣櫥，還有幽默感。考夫曼把哈巴狗的照片放在書封和名片上，她是三隻哈巴狗的老闆，每次看到牠們都想笑，因為哈巴狗看起來很荒謬，看起來不像狗而像是東西，而且絕對沒有任何目的。

你向狼犬扮鬼臉，牠會不客氣的咬你鼻子；你向哈巴狗扮鬼臉，牠只會不知所措的看著你，再吐個舌頭跟你哈、哈、哈。

以絕妙的想像力處理嚴肅的題材。

佩德羅・阿莫多瓦・卡瓦耶羅
（二十世紀～的西班牙導演、坎城評審團主席）

瑞典電影《The Square》，臺灣取名為《抓狂美術館》，在第七十屆坎城影展上，獲得最高榮譽的金棕櫚獎，讓導演魯本・奧斯倫興奮地衝上舞臺，活像電影中那位飾演大猩猩的藝術家，只不過導演有穿衣服，而且是綁上領結的西裝禮服。

「以絕妙的想像力處理嚴肅題材，超讚！」西班牙導演阿莫多瓦對瑞典導演魯本・奧斯倫的誇獎，也是世人對阿莫多瓦的讚揚，兩人可謂是惺惺相惜。

《抓狂美術館》以一個方正的框框，做為考驗人性底限的舞臺，而且不斷的拿反差當鏡子，讓人照照自己有多可笑，衣冠楚楚的菁英人士渴望食色，渾身毛茸茸的大黑猩猩愛好畫畫，也瞧瞧人一旦撕開偽善的面膜，抓狂起來的樣子有多可怕，真的比禽獸還狂野。

任何人都生活在一個框框之中，拿掉一個框框，還有一個框框，包括看著電影框框的觀眾，也許正被另一個框框窺視呢！

阿莫多瓦的鏡頭框裡，洋溢著「紅色的土地、金黃的莊稼、墨綠色的橄欖樹和充滿生機的庭院」，色彩、造型、情感都是活色生香的流動，他要讓觀眾從頭到心到生殖器都產生震動。

阿莫多瓦的電影世界，充滿著人間煙火、本能欲望、錯綜複雜的故事線，男妓、女妓、變性人、同性戀、懷孕的修女都是赤誠的袒露，他要讓觀眾從曲折中感受「愛與寬容能戰勝一切」。

阿莫多瓦擅長以喜劇的手法來敘述悲傷的故事，歡愉卻有分寸，戲謔而有節制，色彩繽紛的映照出民族性格，表現出西班牙式的幽默，他說：「西班牙人用幽默來抵禦恐懼，抵禦讓他們受苦的事，甚至抵禦死亡。」

成長在獨裁政權下的阿莫多瓦，藉由幽默反抗專制，透過色彩反抗沉悶。一九七五年，軍人元首佛朗哥去世，西班牙邁入民主時代，這世界因為有幽默，人們才能忍受暴政，迎來自由，也才能通過飢寒困頓的低潮，抵達春暖花開的彼岸。

4 學習

人不怕老，最怕過時，過時的人不一定是老人，
而是沒有擁抱學習的人。

前言

小蜘蛛生下來就會結網，小鴨子一下水便能游泳，不用教就會做的事，便是天生本能；經過練習、甚至指導才會做的事，屬於後天學習。

學習，是不假思索的模仿。小黃鼠狼跟著媽媽學捕鼠，小老鼠跟著媽媽學鑽洞，小鼩鼱舔媽媽嘴裡的食物，學習該吃什麼食物，小猩猩跟著媽媽學用樹枝，從洞裡掏出白蟻來吃，為了生存，白蟻也得學著逃到更深的洞裡。

學習，也可能是偶然的發現。在歐洲的大不列顛島上，有隻山雀撕開人家門口的牛奶瓶蓋，免費無限暢飲之後，島上所有的山雀都學會這招，損失慘重的牛奶公司見招拆招，每瓶牛奶都扣個杯子，做為防護罩。

道高一尺，魔高一丈，學習愈好的人，吃得到的資源愈多，被掠奪的機率愈低，這是大自然的法則。

武俠中，群雄爭奪一本祕笈，拚上性命也在所不惜，為什麼？

因為，祕笈裡有前人的智慧結晶、練功成果，它是成功的捷徑，只要照著練習，就能成為武林高手，所以，大家喜歡讀書，讀完一本書好似服用一帖大補湯，功力大增有如神助。

學校裡，十位同學進入藏書閣，龍爭虎鬥的一拚高下，要比誰的學習效率好，一目十行讀得快、過目不忘記得住的人，當然榮登「學霸」的盟主寶座。

那讀得慢、記性差的人，怎麼辦？

田徑場上，運動員用身體慣性來學習；商業場上，業務員用解決問題來學習；實驗室中，研究員用失敗紀錄來學習；人生路上，修行者用內心感受來學習。人不怕老，最怕過時，過時的人不一定是老人，而是沒有擁抱學習的人。

我們可以經由別人的經驗來學習，也可以透過打破的規則來學習，學習的方式千方百種，最重要的是找到適合自己的學習之門，願意跳進去搏鬥無數回合，在活著的分分秒秒，享受力量爆發的成長喜悅！

學習就是這麼一回事，你突然用一種全新的方式，弄清之前你一直都明白的事。

多麗絲・萊辛（二十世紀的英國作家）

一九八五年之前，賴倍元開的貨車日進斗金，車子一發動都在賺錢，他是中部最大貨運公司的老闆，幾乎包辦了臺中工業區的運輸，沿路上，各色油污覆蓋山川林地，逐漸消失的野生動物，熱鬧的經濟奇蹟底下醞釀著窮途末日的寂靜。

一九八五年之後，賴倍元開著貨車清理垃圾，車子一發動都在賠錢，他立志把活的森林種回來，種樹成為他的信仰，家人、朋友都不能諒解他拋妻棄子，一意孤行的撒錢買山，他還親力親為的天天上山。

三十年種了三十萬棵樹以後，賴倍元被譽為「臺灣樹王」，人稱賴桑，過去被笑作憨呆，如今成為英雄，賴桑的心願是在歸土前，能留下五十萬棵森林大軍。

一個轉念，賴桑的身家豐厚有餘到負債纍纍，「我將來離開人世間的時候，我比王永慶還偉大，因為他是污染的，我是對地球有幫助的。」

「作家就是要發現問題，最重要的是從生活中學習。」多麗絲・萊辛形容自己是永不停止的寫作動物，有如吐絲動物，春蠶到死時絲方盡。

萊辛是出生在伊朗的英國人，隨父親遷居非洲種玉米，卻連年收成不好。立場上，她是殖民國的白人，情感上，她同情被壓榨的黑人；地位上，她是優越的白人，受到嚴厲的管教，經濟上，患有眼疾的她是弱勢的求職者，十五歲之後做過保姆、速記員等工作，她大膽追求自由生活，第一次婚姻棄子私奔，率直書寫女性心理，三十歲帶著第二次婚姻的幼子移居英國，出版第一部小說之後，終於能依靠版稅安定生活。

萊辛有多部作品改編為電視劇和電影，她覺得電影的絕妙之處，在於「表現一個人若喪失時間感，會怎樣？」《金色筆記》是她出版於一九六二年的代表作，她認為閱讀原著比觀賞電影更好。一晃眼單身超過六十年，著作超過五十本，渾然不知自己是何時變老的萊辛，八十八歲榮獲諾貝爾文學獎，得獎原因是顛沛流離的早年生活，讓她得以用激情、想像力和懷疑主義，去擁抱並剖析一個分裂的文明。

如果你沒有犯錯，那代表你手上的問題不夠困難，而那正是一個錯誤。

弗朗克・韋爾切克（二十世紀～的美籍猶太裔物理學家）

「馬克一號」是世界上第一部全自動電腦，一間教室才放得下它的龐大身軀，一次簡單的乘法也要六秒鐘之久，但長串數據的運算比人腦跑得快又準。次年是一九四五年，一隻小飛蛾造成大電腦故障，從此，bug（飛蛾）成為程式錯誤的代名詞。

工程師最怕bug，企業家也怕bug，凡人沒有不怕bug的。

一九七六年成立的宏碁電腦，一度是世界第三大的電腦製造商，股票上市後，罹患企業常見的「大頭病」，錢多到亂投資，一九九一年出現首次虧損，創辦人施振榮推動再造計畫，二〇〇〇年、二〇一三年各推動一次。自稱失敗經驗豐富的他，不但是一名鍥而不捨的優秀工程師，也是逆向思考的創業楷模，退休後重披戰袍，帶領宏碁多次拋棄老商標與舊程式，逐漸從下游製造的代工業轉為領導品牌的服務業，浴火重生。bug，反而讓宏碁抓到跨時代的新商機。

世界上有一種人以解謎為樂，習慣將錯誤放在腦中反覆加熱，拿燙手山芋當暖暖包抱著、把飛蛾當蝴蝶欣賞，他們勇於挑戰未知領域。

物理學家弗朗克・韋爾切克從小就喜歡在腦袋裡玩數學遊戲，來回複雜的思考像走迷宮，找到出路或生成大數，都會讓他樂不可支。在普林斯頓大學讀博士期間，他與導師一起發現量子色動力學中的「漸近自由」現象，獲得了二〇〇四年諾貝爾物理學獎。

韋爾切克從大學時代開始在自然界尋找美的形態，「我喜歡和圖案打交道，並進行抽象思考。」他學習了神經生物學和計算機科學，想搞清楚抽象圖案是如何映射到思維活動上的，對他而言，「美」才是物理的真諦。

數學的對稱性與物理學的變化性、數學的優雅和自然法則的連貫性，韋爾切克的腦袋，不停的在尋找兩種事物之間的通道，如同飛蛾撲火般的熱烈縈繞。

除非試圖超越已經掌握的東西，否則你永遠不會成長。

拉爾夫・沃爾多・愛默生（十九世紀的美國文學家）

我要當歌手！

優席夫從小在山地部落歡唱、在教會高歌，五歲就立定好志向，十八歲跟唱片公司簽約，到臺北首都錄製新歌，眼看人生正要嶄露頭角，廣告不拍了，唱片多次發行不了，合約限制也綁得他動彈不得。優席夫只好離開舞臺，想盡辦法填滿不足、勤練英文，從臺灣到英國到處打零工，二〇〇三年的有一天，他夢見藍色天使說：「畫畫的時候到了。」開啟了邊刷油漆賺錢、邊畫畫創作的生活，在人生地不熟的歐洲街頭，他背著畫拜訪一家又一家的展覽空間，一次又一次被拒絕，直到敲開成功的大門。

不當歌手，成為很會唱歌的畫家。

十幾年後，走紅國際的優席夫回到臺灣，迎接他的是桃園機場的個人畫展、閃亮舞臺的演講邀約，從沒正式學畫的他，畫出原住民血液中的奔放活力，自稱為「有機的野生藝術家」，一路奔跑開出一條新路，將故鄉文化推上國際舞臺。

我要當牧師！

拉爾夫・沃爾多・愛默生在教會長大，從小立志和爸爸一樣當牧師，只是，讀完哈佛大學神學院，牧師做不到五年，他就受不了教會裡的儀式與慣例。辭職後，竟在母校的畢業典禮公開表示：「耶穌不是一尊神，而是一個人。」震驚了基督教派。

脫下牧師袍的愛默生，面臨喪偶與事業的低潮，乾脆跑到歐洲及中東各國旅遊散心，認識了渥滋華斯、柯立芝、卡萊爾，跟英國浪漫主義詩人混在一起，刷新了整個人生觀，決定跨出步伐，「永遠做你不敢做的事情。」

回國後，愛默生和朋友組成「超驗俱樂部」，強調人是自己的主宰，個人可以直接跟「超靈」交流，不需要仰望上帝。美國人所說的「超靈」，就是華人常講的「冥冥」、「老天爺」，說穿了也沒什麼好大驚小怪的。

不做牧師，成為至聖先師。

外表文質彬彬的愛默生，根本是特立獨行的異議分子，他支持廢奴運動，沒法出席演講時，就請曾為黑奴的朋友上場代打，他宣揚自然與自由的精神，奠定了美國的本土文化，被尊稱為「美國的孔子」。

先前的文學青年，往往厭惡數學、理化、史地、生物學，以為這些都無足輕重，後來變成連常識也沒有。

魯迅（十九～二十世紀的中國文學家）

兩家火鍋店，開在隔壁，都以清湯美味吸引顧客。

左老闆專注煮好一鍋湯，日復一日。右老闆掌握湯底後，手打麵從頭學起，調整出適合火鍋的配方；右老闆熟練做麵後，手工豆腐從頭學起，每日限量供應粉皮、豆衣、豆腐、豆泡、豆干、豆花，自釀豆瓣醬、豆腐乳、味噌沾醬；右老闆精通製豆後，手工丸從頭學起，五顏六色的繽紛丸子，別家吃不到。

一開始，左老闆鄙夷右老闆不學無術，到底是開麵店、豆腐店、丸子店，還是火鍋店？一鍋湯弄得雜七雜八，喝不出原味了，兩家店各有顧客擁戴。

一年後，左老闆的店冷冷清清，顧客常抱怨清湯撈來撈去沒什麼料；右老闆的店熱鬧滾滾，顧客總是吃得紅光滿面。在顧客的哀求下，右老闆增賣獨家醬料，連鎖超市也多次上門洽談年菜套餐。日復一日，右老闆的店座無虛席，左老闆的店關門大吉。

左老闆後悔莫及，自己話說得太酸，煮的湯也常放到酸掉，如今半生積蓄化為烏有，幸好，右老闆賞識左老闆的火候技術，請他到店裡上班，專門煮湯底。

文學的基本功夫，好比火鍋清湯，數學、理化、史地、生物到一切雜學，好比火鍋湯料，耐人尋味的有料作品，才能激起讀者欲罷不能的飢餓感。

魯迅不是從石頭裡蹦出來的一個人，他是北宋理學始祖周敦頤的後人，本名周樹人，祖父是清朝官員，父親為清朝秀才，成長在唸四書五經的私塾，十六歲，離開故鄉浙江紹興，不再參加科舉考試，堅持走自己的路，進入「集美水產航海學校」從頭學起，發現此地烏煙瘴氣，轉考「南京礦務學堂」從頭學起，學了德語、科學，取得日本留學的官費資格，在日本文學院畢業後，又設法到醫專從頭學起，課餘不斷翻譯賺錢，最後決心以文藝救國，拯救一片漆黑的老中國。

《狂人日記》、《阿Q正傳》、《孔乙己》等新式小說與數百萬字的辛辣雜文，是魯迅以大量香菸吞吐出來的沉默吶喊，殘忍的撕開民族病態，好敷上一帖帖痛得咬牙切齒的治療藥方。

對許多人來說，離開學校是學習的終點而不是起點。

羅伯特・T・清崎（二十世紀～的美籍日裔作家）

小美有一顆迷人的小虎牙，長得眉清目秀、討人喜愛，從小跟著爸媽在遊樂區的攤位幫忙，隨著她愈長愈大，一個人能顧的攤位愈來愈多，最高紀錄顧三個攤位，彈珠臺、撈金魚、美人魚奇觀，遊客大排長龍，爭著送錢上門。

高中唸了半學期，小美辦完休學，心情十分快活，就像爸媽說的一樣，讀那麼多書也不一定會賺錢，全家人齊心協力很快就可以買房子，小美只要裝扮成美人魚的樣子，輕鬆的揮揮手就好……。

一年一年過去了，小美看著同學們游向各種領域、出國留學，只有自己還在魚缸裡打轉，老掉牙的把戲再也吸引不了遊客，以為超前的人生，原來是落後了。三十歲生日那天，小美決定脫離假尾巴和父母的賭債，重新報考美髮學校，潛入學海成為她內心最大的渴望。

提起《窮爸爸與富爸爸》，每個人眼睛好像看到錢一樣的發亮，這套理財書出版十年後，全球大賣近三千萬本，作者羅伯特・T・清崎也從窮爸爸變成富爸爸，他教導人們提升「財務智商」，畢業之後、工作之餘，必須對學習投注最大的熱情，才能不斷擴充自己的腦袋與口袋。

清崎和卡內基、羅賓一樣，他們不是經營致富的商人，他們是以銷售成功學致富的講師與作者，一些深信不疑的學生，靠著內心覺醒的渴望，當真一股作氣的攻頂，實現成功的目標！

「現在世界上根本沒有什麼穩定的工作了，人生潮起潮落，變化莫測。」清崎的預言沒錯，二〇一二年，他讓旗下一家公司宣告破產，逃避七億新臺幣的官司賠償，為保住有形資產，透支了無形信用。

學習的戲法人人會變，方向各有不同，僥倖者學會更投機，負責者學會更承擔，要走向哪一種循環，就看每個人的性格與選擇了。

如果你只讀每個人都在讀的書，你也只能想到每個人都能想到的事。

村上春樹（二十世紀～的日本小說家）

男人問：「妳看什麼書？」

女子答：「《挪威的森林》。」

男人以為心儀女子喜歡挪威，找了一堆挪威的書來讀，後來才知鬧笑話，《挪威的森林》是日本小說。

讀同本書，可以拉近彼此的距離，唸醫書的人當醫生，唸法學的人當律師，專門唸書的人當老師。

讀不讀書，也能突顯彼此的差距，十八世紀初，站在頂端的是少數識字人，二十一世紀初，不識字的人少之又少，但翻閱印刷書的人愈來愈少，瀏覽臉書網站的人愈來愈多。

書就像善惡樹上的蘋果，吃一顆開啟一門智慧，連帶思潮翻滾的副作用。

愈不讓人看的禁書，讓人愈想讀，《紅與黑》、《齊瓦哥醫生》、《少年維特的煩惱》、《伽利略的科學書》……全是異端邪說，《格林童話》因兒童不宜閱讀，也曾被列為禁書，為禁書而死的人，數不盡的前仆後繼。

《挪威的森林》是村上村樹的第五部長篇小說，敘述一九六〇年代晚期的日本，大學生在學運浪潮中的迷惘與失落，男主角跟宿舍前輩因愛讀同本書《大亨小傳》，成為一起到酒吧廝混的朋友，這部在日本近代文學史上銷量第一的長篇小說，是村上旅居歐洲三年完成的作品。

村上在成為專業小說家之前，和妻子共同經營一家爵士咖啡廳兼酒吧，前兩部小說就在打烊後的酒吧廚房進行，風格輕盈，迥異於日本文壇的沉鬱氣息，一舉獲獎並引發「村上熱」。

村上的父母是中學教師，而村上在校不愛唸書，上大學又遇到學生運動而長期停課，但是，他從小閱讀世界文學，也試著翻譯喜歡的驚悚小說，後來，除了創作小說，還跌破老師眼鏡的翻譯書籍。

讀不一樣的書，讓村上走向不一樣的路，有趣的是，成為文學主流的村上作品，有股每個人都該讀的氣勢，不知道村上書裡的主角在想什麼，好像淪為識字的文盲。

嗜讀歐美文學的村上春樹，開了一份書單給書迷，其中《麥田裡的守望者》，是美國校園在一九六〇年代的禁書，裡頭有大量不當行為與負面思想，以此標準，《挪威的森林》也是一本禁書了。

學習不是偶然得到的，必須熱情的尋求，並勤奮的接受。

艾碧該・亞當斯（十八～十九世紀的美國第二任總統夫人）

一碗刀削大滷麵，小娟吃得淚流滿面。

小娟多年沒回拆掉的老家旁轉轉，不曉得何時開了這間麵館，牆上菜單寫的都是母親的拿手絕活：剔羹、河漏、貓耳朵。母親的手特別巧，餃子能包出各色花樣，饅頭也能捏出各種動物，剪紙圖樣更是一流。

小娟的母親常說：「早學會，少吃苦。」老是講小娟命好，生在男女平等的時代，女孩子也能用公費上學，這是盤古開天以來沒有的事，「妳不好好讀書，將來會後悔。」

小娟後悔也來不及，當初什麼都不學好，如今失婚、失業，母親也失智了，

麵店老闆拿衛生紙給小娟擦淚，她是當年纏著母親教幾招的老鄰居。

小娟就像看到一條救命繩，死命的求老鄰居給自己一個工作，她一定會以母親的標準，做好每個小細節。

晚了二十年，小娟從洗碗開始，重新學做麵。

艾碧該生在女性沒有教育權、財產權的時代，幸運的是，她的父親是牧師，母親是知識份子，家裡養了一批黑奴，也聘請家庭教師，教她和姊妹識字。

無論是女性、黑奴還是殖民地，凡是要獨立的，她都支持！

麻薩諸塞州是美國獨立革命的起點，也是艾碧該的故鄉，她的外公是當地的議會會長，她嫁給律師後，生了六個小孩，從鄉村搬到波士頓。

一七七五年夏天，艾碧該和孩子們在家中，看見英軍射向波士頓的炮火，還能感受到震動的威力，雙方各有死傷，艾碧該忙得不可開交，她家成為臨時庇護所、地下軍營，她靈機應變搬出家裡的鍋勺金銀，全溶成子彈，來解決給槍不附子彈的烏龍事件。

她的丈夫作為北美殖民地代表，每天工作十八個小時，在費城，一面和英國開會談判，一面籌措火藥供應戰線，歷經幾場戰爭，美國獨立了。

艾碧該是思想超前兩百年的女強人，她和丈夫通信往返上千封，包含政治的見解，她強烈支持女性與黑人走入校園，實踐人人生而平等的理想，當她丈夫從副總統當選為總統時，人們嘲諷她是「夫人總統」。

順帶一提，她的丈夫是美國第二任總統，她的兒子是美國第六任總統。

我不怕暴風雨，因為我正在學習如何駕駛我的船。

露意莎・梅・奧爾柯特（十九世紀的美國小說家）

劉大潭身高八十公分，幼年罹患小兒麻痺症的他，接受命運的所有嘲弄。

十歲之前，劉大潭都在地上爬，被人當狗看，十歲之後，劉大潭爭取到上學的機會，坐上手搖三輪車的寶座，從此他成為自己的國王，想去哪就去哪，國小、國中、高工都是第一名畢業，連報考國營企業也是第一名，仍因身障被幾百家企業拒於門外，三個月找不到工作，最後進入一家小公司，發揮設計實力，從組長、課長升到研發部經理，在三十歲之前，實現當大學生、結婚生子的目標。

三十三歲，劉大潭創立公司，研發超過百樣產品，是國內外設計獎的常勝軍，為了照顧弱勢，他發願成立四千坪的庇護園區，感動許多人來參與，這座「夢想天使希望工場」就在高雄市的旗山老糖廠裡，歡迎大家來觀光遊玩。

敢想，敢要，敢得到！就是劉大潭教授的圓夢祕訣。

露意莎・梅・奧爾柯特的父親是個幻想家，全家過著清貧、有愛的生活。曾創辦自給自足、素食環保的烏托邦式公社，以失敗告終。奧爾柯特跟父親一樣也是個幻想家，同時是廢奴主義、女權主義者，教師和作家，不同的是，她應出版社要求，寫了和自己個性不合的小說《小婦人》，她懊惱太失敗，上市後卻熱賣，在養家壓力下，痛苦的寫了一本又一本的暢銷書。

《小婦人》的母親善良、堅強，她將四名女兒教育成賢慧、可愛的女人，肩負起結婚生活的責任。《小婦人》的作者卻是個野丫頭，她喜歡吹口哨、爬上樹看書，赤腳散步和穿短裙到處跑，厭惡家庭對婦女的勞動剝削。

奧爾柯特沒上過學，只接受過父親與友人幾位文豪的指導，她終身未婚，一個人扛起家族的經濟重擔，比男人還強呢！

在變化的時候，學習者繼承地球。

埃里希・弗洛姆（十九世紀的美籍德國猶太裔心理學家）

三太子跳電音舞，從臺灣鄉下跳到法國巴黎，全世界跳透透。

「大仙尪仔」的三太子，戴上白手套、黑墨鏡，手持螢光棒，傳統藝陣配上電子音樂，加上流行歌曲的「保庇」威力，搖落、搖落……，雲林縣朝天宮贊助臺北大學的學生，到埃及、巴西……，到大沙漠、小湖畔忘情起舞，三太子身插中華民國的國旗，巡迴世界各國的大城小鎮。

抗拒改變是人的天性，燒香拜佛祈求安穩，可是，連神明也要變通，才能香火不絕，線上占卜免費，求個口碑名聲；文創商品下單隨喜，網路購物宅配到府。

地球是秒秒鐘更新，守舊者無法守成，企業接班人嘗試各式創新，來打通時代的關節，弱勢農民用直播直銷成為強勢賣家，蔬果尚未收成已訂購一空，郊區養雞場變為熱門觀光地，啊！時代的變化令人瞠目結舌，不知說什麼好。

弗洛姆教授做過一個恐怖心理實驗，叫做「蛇橋實驗」。

同一座橋，學生不知道橋下有什麼時，全部平穩的快速通過；當弗洛姆打開一盞燈，橋下的鱷魚、毒蛇從水中嘶嘶探頭，只有一位學生顫抖通過；弗洛姆打開另兩盞燈，橋下的防護網被照得清晰可見，學生們擔心網不牢靠，而不敢上橋。

弗洛姆一生忙著更新弗洛依德的精神分析學說，以符合時代進展，注重臨床實驗的他，讓學生深刻感受到心態對人的影響，恐懼使人原地踏步，適時忽略無關緊要的事物，專注於自己腳下的道路，反而能走得更快、更遠。

弗洛姆生於德國，學過法學、社會學，博士後專攻精神分析學，納粹執政後，輾轉搬到日內瓦、美國、墨西哥、瑞士等地，進行教學與研究，他認為：「愛是人與人之間的創造力。」「人應該運用創造力來建立自己的價值。」對愛有疑惑的人，可以搜尋一下一九五六年出版的《愛的藝術》，瞧瞧多面鏡下的愛的本質，有哪些真理是永恆不變？

一九八〇年離世的弗洛姆，覺得人類不用再怕成為奴隸，未來倒要擔心變成機器人。

別用自己的學習經驗限制孩子，因為他是在另一個時代出生的。

羅賓德拉納特．泰戈爾（十九～二十世紀的印度詩人）

孩子，我要你比我強！

張家爸爸，比世界上任何人都還愛他的兒女，大兒子定力強，他教大兒子練書法，練到鐵畫銀鉤，這門技藝已經沒落了；他拿出積蓄給大兒子買辦公大樓，沒料到市中心轉移，靠租金吃飯的時代過去了。大兒子跑去西餐廳當店長，揹房貸每月繳得牙癢癢，不時被客人電得慘兮兮，反觀校長退休的老爸，沒事教教書法開心得很。

小女兒玩心重，爸爸教不動，只好隨便她玩電腦、學資訊，某次登山摔斷腿，索性辭職在家修電腦、寫程式，客廳的舊電腦愈修愈多，買新電腦的客戶也愈來愈多，忙到叫大兒子幫忙開收據，廣告公司的會計發掘了大兒子的一手好字，找他去寫商標名稱、當演員的書法替身，過了半年，小女兒租了大兒子的辦公大樓，開起了電腦公司。

張爸爸出生的年代，還沒聽說過電腦這玩意，一眨眼幾十年過去，他連心臟都裝了一顆微電腦，世界變化很大，只有愛孩子的心永不變。

多少年過去了，泰戈爾的詩歌與大鬍子仍鮮活在印度人心中，他寫的詩是印度與孟加拉的國歌，他寫的小說是近代印度中、短篇的源頭，長篇小說亦幫助年輕人掙脫封建陋習、追求真愛，他將孟加拉文的詩集《吉檀迦利》譯為英文，成為第一個得到諾貝爾獎的亞洲人，在文學、哲學、藝術、政治、經濟各領域都有巨大影響力。

泰戈爾一部分的成就，來自於獨處時的各樣創作，另一部分的成就，來自於四處聊天，他在英國跟葉慈談詩，到德國和愛因斯坦說科學、真理與美，到幾十個國家促使和平聯盟，他反對英國在印度建立的殖民教育，自行開辦一所兒童實驗學校，他的精神影響後代，一代又一代。

二〇一〇年吉蘭・貝兒・瑟吉設立河濱學校，發起「全球孩童創意行動挑戰」計畫，臺灣的許芯瑋深受感動，辭掉教職在各處舉行工作坊，教孩子停止抱怨、立即行動，用自己的想法改變世界，GO！

5 勇氣

愛與希望，是勇氣的燃料，有勇氣冒險的人，一生將精彩無比！

前言

什麼是勇氣？

做一些樂此不疲的事，吃美食、打電動、睡大覺，不需要勇氣。

試一些心驚膽戰的事，說實話、上講臺、跳火圈，才需要勇氣。

因為害怕被拒絕，而不敢找工作，因為沒有工作，終究面臨了可怕的貧窮。

因為害怕當輸家，而不敢上跑道，因為缺乏練習，注定逃不了落後的悲劇。

勇氣，可以讓人無畏艱難、克服恐懼，奔跑在前途未卜的道路上，成為一鼓作氣的贏家。

沒有勇氣，有翅膀也無法飛翔。

沒有勇氣，有才華也無法發揮。

夢想，永遠是夢想，沒有成真的那一天。

有勇氣又有謀略的人，愈挫愈勇，收穫豐富的機會與財富。

有勇氣卻欠考慮的人，愈衝愈慘，損失巨大還會拖累他人。

勇氣，是生命的底氣；勇氣，是肌肉的核心；勇氣，是聲音的丹田。

勇氣，是再害怕也會行動的氣魄，勇敢，是不害怕也不遲疑的行動。

勇者，必須接受陽光與正義的引導，「出於虛榮心、好奇心、貪婪心去冒生命危險的人，不是勇敢的人。」俄羅斯作家托爾斯泰在他的戰爭小說中，藉小兵的處境述說：為了責任而躲開危險，不是不勇敢，因為，再怎麼逞英雄，也不能忘記為人子、為人父的責任。

如何創造勇氣，成為一個勇敢的人呢？

當老鷹來襲，母雞會展開雙翼保護小雞，拿出老娘豁出去的勇氣，毫不畏懼的與老鷹對抗；若母雞只有自己一人，一定嚇得半死、四處逃竄，哪敢多看老鷹半眼？關心別人，為團隊奉獻所爆發的勇氣，往往大於圖利自己的勇氣。

愛與希望，是勇氣的燃料，有勇氣冒險的人，一生將精彩無比！

我知道勇氣並不是不害怕，而是戰勝恐懼。

納爾遜・曼德拉（二十～二十一世紀的南非第一位民選總統）

在一片陸地上，全部住著黑人，天生天養的活了三萬年，當航海艦隊靠岸，一群白人興奮得大喊：「哦耶！我們發現了新大陸！」白人高高在上的拿著槍，叫黑人蹲在地下當奴隸，離開部落改行做農工、礦工，賣命的生產食物、創造財富，白人不准「黑鬼」在城市有家庭生活，也不准「黑鬼」通勤與家人一起生活，不准這個那個，只准有工作證的「黑鬼」進城住在工寮，甚至還把「黑鬼」賣到別的地方賺錢，硬生生拆毀黑人的家園。

黑人眼裡都是恐懼，白人把淨土殺成了地獄，把黝黑膚色貶為了髒污罪惡，這世界看得到與看不到的一切，魔鬼都想佔為己有。

白人將第一次上岸的地方，取名為「好望角」，為了搶人、搶糧、搶土地，荷蘭人與英國人多次開戰，把黑人的土地染成紅色，最終由英國人奪得殖民權，繼續壓榨南非各色人種的血汗。

一九一八年，曼德拉出生於南非的王室家族，是少數能上大學的黑人菁英，二十一歲時，為逃避王室安排的婚事，他住進約翰尼斯堡的貧民區，在黑白分明的種族歧視下，和一八一八年的黑人沒什麼兩樣，隨身攜帶通行證，在白人主導的資本主義下，他像奴隸一樣卑微的討生活，人生被限制在小小的範圍內。

生命力強大的曼德拉，將最好的年華投入抗爭二十年、坐牢二十七年，歷經監獄的苦難，七十一歲出獄，七十五歲當上總統，八十歲三度結婚，多次戰勝疾病，直到九十五歲離世，他帶領南非成為人人平等的彩虹之國，香港Beyond樂團寫了一首〈光輝歲月〉獻給曼德拉，「願這土地裡不分你我高低，繽紛色彩閃出的美麗……。」

「我們給別人的生命帶來了何種不同，這決定了我們人生的意義。」曼德拉是全世界公認的自由鬥士，他在獄中的開支都由中華民國買單，當上總統後，曼德拉痛苦的宣佈兩國斷交了。

（這是什麼鬼呀！）

勇氣是一架梯子，其他美德全靠它爬上去。

克萊爾・布思・魯斯（二十世紀的美國政治家、劇作家）

女人，像家裡養的一隻狗，可以隨意呼來喚去，男人喝酒後拳打腳踢不用道歉；女人，在家洗碗拖地、去工廠做工，也要穿著束胸束腰的維多利亞式長裙，笑容可掬的滿足男人視覺，從事相同的工作，服裝投資比男人更多，報酬卻比男人更少；女人，不過是男人的附屬品，沒有腦袋的裝飾品，不配有選舉權。——以上情景是一九〇〇年的新美國，跟皇帝當家的老中國，沒什麼兩樣。（不過，當時的中國是慈禧太后當家，女人說了算。）

義大利人哥倫布在西班牙皇室的資助下，一四九二年「發現」美國所在的美洲，各國歐洲人上岸的一百五十年內，原來千萬人口的原住民被殺或被傳染病死剩不到百分之十。一六二〇年，在英國受迫害的清教徒與貧農坐著「五月花號」逃來美洲，為求生存，迫害原住民和非洲人當奴隸，經過一百多年，這些英國子孫群起抗議母國的殖民迫害，一七七六年美國獨立建國，又經過快一百年，一八六二年美國才解放奴隸。所以，不要把美國想像成多文明的國家，改革過程一樣充滿血腥，只是科技工業發展得比較厲害，二十一世紀到來，眼看也要被中國趕上了。

一九〇三年，在美國出生的克萊爾・布思・魯斯，從小就是個金髮美女，曾當過童星，立志要找一個有錢的丈夫，二十歲時嫁給四十三歲的酗酒富翁，被揍到四次流產，六年後堅持離婚，為女兒安爭取到四十二・五萬美金的教育費，當時一名車衣廠工人的月薪是十元美金，換算下來，要三千五百年才賺得到這筆鉅款。

克萊爾最迷人的地方，在於她的勇敢與聰明的頭腦，離婚後，她由時尚雜誌編輯的位置攀升，從劇本寫作得到豐厚版稅，憑著出色的工作能力與外交手腕，她認識許多名人，也成為「浮華世界」的名人，三十二歲再嫁出版鉅子——亨利・羅賓遜・盧斯，在二次大戰期間深入戰地採訪各國指揮官，大戰結束後，擔任美國第一位女性外交官，先後出任義大利、巴西大使，也是第一位獲頒總統自由勳章的國會女議員。

名利雙收的克萊爾是一位傷心欲絕的母親，失去十九歲女兒的她留下一筆基金，已運作三十多年的ＣＢＬ計畫，資助過近兩千位勇於拓展新領域的美國女性，克萊爾以自己的一生成果，作為她們往上爬的一架梯子。

如果有勇氣承認錯誤，錯誤總是可原諒的。

李小龍（二十世紀的華人武術家）

兩個快遞員，小馬和老馬一起理好貨，面對面打開便當聊是非。

早上被投訴服務態度不佳的老馬，嚼了嚼醋溜魚有感而發：「這世界上有兩種錯誤，一種是被苛責的，一種是被寬容的。」

昨天少收一千塊的小馬，竊喜客戶來電補交：「這世界上有兩種錯誤，一種是被承認的，一種是被掩蓋的。」

老馬不自覺的大聲起來：「我承諾我的錯誤啊，我不是去道歉了嗎？但對方真的很惡劣。」

小馬拿麥茶漱漱口：「這世界上有三種道歉，第一種真心誠意的痛改前非，第二種漫不經心的找理由，第三種口是心非的敷衍了事，老馬，你是哪一種？」

老馬：「你剛來的時候老送錯貨，好幾次是我幫你找貨、換貨，彎腰跟客戶說對不起、對不起，昨天又送錯一件貨，你說，你是哪一種？」

小馬：「我錯了，我今天看資料都檢查三遍。」

老馬將青草茶一口喝光，準備載小馬出門沿路送貨去了。

這世界上的錯誤有兩種，一種是被糾正的，一種是錯到底的，甚至堅持成為信仰，葉問是李小龍的詠春拳老師，淡泊名利的他活到近八十歲，他曾擔心剛烈好勝的李小龍，是個短命種。

李小龍創造了前無古人、後無來者的武術境界，是改變華人在西方形象的一代功夫巨星，是開辦美國「振藩國術館」的截拳道創始人，也是使香港電影揚名國際的編導推手，卻在三十三歲拍攝《死亡遊戲》期間暴斃，無法更上層樓。

他以中華武術為功底，揉合西方拳法的攻勢，一秒鐘可以打九拳，獨門寸拳能將一名壯漢打出五、六公尺；一秒鐘可以踢六次，招牌側踢能將一名壯漢踢飛二十公尺。伏地挺身連續做的傳奇數量：單手單指可做一百個，單手兩指可做兩百個，單手可做四百個，雙手可做到一千五百個，一般人光是看就滿頭大汗了。

從三個月大就開始演出電影的李小龍，其強大的武術力量影響了全世界，儘管勇者無敵，無數影迷至今仍不能原諒一代宗師的英年早逝。

果敢行動只是片刻失足，不敢行動則是失去自我。

索倫・奧貝・齊克果（十九世紀的丹麥作家、哲學家）

丹麥的小村子裡，到了星期天，鵝們會攜家帶眷到教會，聽鵝牧師講經。

「每一隻鵝都有光榮使命，都有造物主賜予的高貴目標。」

一提到造物主的名字，鵝們趕緊從座位站起來，母鵝屈膝、公鵝鞠躬來表達崇敬之意。

「我們有一對可以飛翔的翅膀，將帶領我們飛到遠方的草地，那裡是我們永恆的居所。」

阿們！是的！座位上的鵝們展開翅膀用力搧動、大聲鼓譟。

鵝小弟受到鵝牧師的激勵，每天在自家後院練飛，快跑、躍起、展翅，結果老摔到泥巴裡，所有的鵝都笑他傻，勸他只要感謝上帝就好了，不用把自己搞得那麼累，弄髒潔白的羽毛，變得又黑又瘦。

感恩節到了，鵝牧師在脖子繫上紅色領結，說的內容跟平常一樣，但語氣更加慷慨激昂，也得到鵝們的熱烈回應，當一隻隻的鵝走出教堂時，ㄜˊ，人們正等著抓鵝做感恩節大餐，鵝小弟揮揮翅膀，雙腳一蹬就往空中飛去了。

以上是齊克果寫在日記裡的一則寓言。

齊克果寫過許多有趣又有意思的寓言，例如，一個小丑告訴劇院觀眾：「後臺失火啦！」觀眾不信也不逃，只是大笑拍手。人們活得多荒謬，死到臨頭還那麼開心，呵呵。

丹麥人是海盜起家，與挪威人、瑞典人共稱為「維京人」，八至十世紀以打劫、殖民、貿易等強勢作為活躍於整個歐洲。在齊克果出生的一八一三年，丹麥人已經變為道德感強烈的基督徒，一出生就受洗，畢業於神學院的齊克果，認為有些教義是胡扯，沒法當牧師，但在牧師爸爸的遺產支持下，用各種筆名寫了許多著作，舉筆抗議人們習以為常的教條、權威，他還將牧師比喻為食人族，沉淪眾生來發展事業，他覺得只有自己知道，「我是被上帝逼死的。」

其實，在他四十三歲過世之前，大家早就知道他是個「丹麥瘋子」。

身為基督徒的齊克果，在一起敬拜上帝的主流中，偏偏強調個體性，說人可以自己選擇成為什麼樣的人，說上帝無所不能很可笑，又說人想脫離有所不能的限制，必須要從神那裡得到「信心的跳躍」……，齊克果說來說去，顯現了身為人的脆弱，最後勸大家還是有拜有保庇，相信有神、安個心吧！

最有勇氣的行為，仍然是獨立思考，並且大聲說出來。

可可・香奈兒（十九～二十世紀的法國時裝設計師）

太陽已經曬屁股了，蘿拉還蒙著頭不下床，心裡盤算著：「今天有游泳課，明天有網球課，服裝不能帶錯，今天要打籃球該穿襯衫、長褲，還是背心、短褲？」啊！

聽到一陣尖叫的蘿拉掀起被子，看見打開的衣櫃前站著一位穿古董洋裝的女孩，背對自己，蘿拉很快就反應過來了，這女孩是從一百年前「穿越」來的，因為蘿拉昨天也「穿越」到一百年前，看到一座老衣櫃。

老衣櫃裡掛著一件件蓬蓬袖、蕾絲邊、大長裙的洋裝，摸起來還硬梆梆，蘿拉以為這些衣服都不是給人穿的，腰這麼小誰擠得進去，屁股撐得那麼大誰要穿啦，今天竟然見到洋裝主人，可惜，還沒跟她介紹新買的三點式泳裝，她就走了。不知道古人穿那麼「隆重」的洋裝，怎麼打球、游泳呢？

叩、叩、叩，爸爸在門外：「蘿拉，快醒來，喜歡吃什麼早餐要跟爸爸講，我才知道要準備什麼，不要每次都說……。」

隨便！

香奈兒是位特立獨行的女人，她拋開同代人的長裙洋裝，改穿特製的騎馬裝，從行動方便的男裝中融入女性特質，活出自己的舒適與品味，她不像名媛千金矯揉造作，她沒有顯赫家室限制她的率性作為，情人誇她可愛，但是另娶名門貴族。

香奈兒不害怕特立獨行，無母無父的少女時代，在修道院度過七年生活，學會音樂與縫紉，這兩樣本事讓她踏入上流社會，由咖啡廳歌手成為軍官情人，在情人們的資助下開創事業，香奈兒推出的女裝，不只是新款式，而是新革命，她將女人從擠胸、束腰、翹臀的S曲線中解放出來，提升到與男人平起平坐的地位，百年前設計的女裝、包包、香水、鞋子，簡單而優雅的經典風格，至今仍被奉為時尚。

跨越不了的階級，何不打破它？嫁不了尊榮的皇家爵士，何不自成瀟灑的單身貴族？香奈兒一生渴望被愛，早明白「戀愛的終點，是獨自離開」，八十七歲死於住了三十多年的巴黎里茲酒店。

接受不完美，就是勇氣。

阿爾弗雷德・阿德勒（十九～二十世紀的奧地利心理學家）

完美主義的表面很完美，骨子裡極為變態。

適者生存，不適者淘汰，一九三三～一九四五年之間，德國總理希特勒一開始是強制絕育，針對數十萬有遺傳性疾病的人，接著進行安樂死，目標是殘疾弱者，然後擴大為「種族淨化」，包含猶太人在內約有一千七百萬受害者，為了讓屠殺更有效率，還建立了集中營與毒氣室，將剝奪來的財物回收再利用。

希特勒認為德意志民族所代表的日耳曼人種，是北歐人種中最純淨、最優秀的種族，金髮碧眼的白人，才是人類始祖亞當的後代，所以，他要將有色人種從德國境內剔除，隨著戰事與領土的擴大，奧地利、波蘭、法國……鄰近三十幾國被納入「清洗」的版圖，猶太人幾乎只有逃出歐洲，才有可能保命。

在窮困的成長過程中，希特勒曾被猶太同學欺負，被猶太女孩拒絕，被藝術學院的猶太考官看輕，做不成藝術家，改當政治家搧動德國人民，將生活優渥的猶太人踩在腳下，用迫害別人來掩蓋自卑感，確實比接受自己的不完美容易多了。

阿德勒是希特勒的反面例子，用自卑感讓自己變得更好。

阿德勒從小體弱多病、功課不好，幼年時出過兩次車禍，三歲時，睡在身邊的弟弟死去，五歲時，感染嚴重肺炎，痊癒後，他以活力打敗自卑感，在猶太父親的鼓勵下，他取得維也那大學的醫學博士，也就是希特勒進不了的那所大學。

《神經症的特性》是阿德勒的第一部重要著作，他主張若不能及時糾正自卑感與優越感形成的心理問題，個體將發展為自卑、自私的極度個人主義，對權利、財富展現出巨大需求。這像是一本開給希特勒的精神診斷書。

一九三二年，阿德勒的研究受到希特勒打壓，連追隨者也不放過，他只好從奧地利搬到紐約任教，講述「合作與奉獻才是人生的意義」，「勇氣，就是克服困難的活力」，阿德勒與其師佛洛伊德、榮格並稱心理學三巨頭，但阿德勒直到二十一世紀日本人出版《被討厭的勇氣》之後才全球爆紅，教導人們如何從被討厭中獲得自由。

對付貧窮要有勇氣，忍受嘲笑要有勇氣，正視自己營壘裡的敵對者也要有勇氣。

伯特蘭・羅素（十九～二十世紀的英國哲學家）

十九世紀的英國像安營紮寨的海盜王，乘風破浪的征服野心已經沒了，全世界有五分之一人口納入麾下，有源源不絕的人力與香料供應悠閒的午茶生活，右手拿聖經，以假道學來安撫地盤裡的底層騷動，左手抓塊布，哪裡髒、哪裡亂先遮起來再說唄！

海盜王的地盤上隆隆作響的除了槍炮，還有工廠的機器，顛峰時期的工業生產量、棉花消耗量、採煤與產鐵量位居世界第一，佔比高達百分之五十，作為當時的「世界工廠」，少不了各種嚴重的污染，到了冬天燒煤取暖，單單英國就用掉了西方煤炭產量的三分之二，「黑霧」濃到看不到路，經常有人撞牆或掉到泰晤士河裡，走在街上的人多有支氣管炎，一八六一年以後，維多利亞女王為丈夫守喪，從此只穿黑衣服，盛世中的沉悶竟籠罩三十年之久。

一如狄更斯所說，「這是個最壞的年代，也是最好的年代。」海盜帝國在紅茶加糖的甜蜜漩渦中，喪失冒險的勇氣，逐漸沒落了。

伯特蘭・羅素出生的一八七二年，英國的工業生產量佔世界百分之三十，依然是帶領世界轟轟前進的火車頭，同時迫使落後的國家，要一鼓作氣奔向現代化，包括科學、文化、社會結構、機器設備等等。

羅素因來自貴族的父母早逝，由擔任過兩次首相的祖父帶大，一出生就站在領頭羊的高度觀察這個世界，「凡事不要抱持絕對肯定的態度」，他畢業於英國頂尖的劍橋大學三一學院（以聖父、聖子、聖靈為名），獲聘為哲學、數學、邏輯學的研究員，入選英國皇家學會院士，卻出版了《我為什麼不是基督徒》來懷疑上帝的存在，也反對英國參與第一次世界大戰，毫不畏懼丟教職、罰款判刑的後果。

當時的人跟不上羅素無限更新的百倍速，尤其是他談戀愛的頻率、結離婚的次數，他在八十歲時第四次結婚，身體力行自己獲頒諾貝爾文學獎的學術理論──《婚姻與道德》。羅素提倡婦女的解放、有限制的性解放、有責任的家庭生活，交相指責、手來腳去的父母，有了兒女但沒有愛的家庭，還是離了好。

正視自己營壘裡的敵對者，變調的婚姻該散就散，羅素的腦袋比某些現代人，還要時尚吧！

勇氣，是在每天對困難的頑強抵抗中養成的。

尼古拉・奧斯特洛夫斯基（二十世紀的蘇聯作家）

英國維多利亞女王的全銜是「大不列顛及愛爾蘭聯合王國女王兼印度女皇」，統治世界四分之一的領地與人口，開創了「日不落帝國」的繁華盛世，也造成了整個歐洲王室的衰敗凋零，與表哥結婚的她將基因突變的血友病，透過近親結婚開枝散葉，一九一七年，害得世界面積第二大的俄羅斯帝國滅亡，末代沙皇與獨子都是血友病患者，皇室選擇了隱居與逃避，最終被逼退位、祕密槍決。

舊帝國經過五年內外戰爭的血洗，從「蘇俄」蛻變為簡稱「蘇聯」的聯盟，一片紅的國旗右上角有鋤頭、鐮刀和五星標誌，代表廣大農民的紅軍奮勇戰勝貴族地主的白軍，成為首位以社會主義立法的國家，來抗衡資本主義的美國。

不過，美好的理想抵不過現實的殘酷，蘇聯共產黨的集中營更血腥的強制勞動，經過第一、二次世界大戰的三千萬傷亡和冷戰時期的虛胖競賽，一九九一年，瘦骨伶仃的蘇聯像被螞蟻搬空的蜂巢，一下崩解為十五個國家，繼承最大塊的國家稱為「俄羅斯聯邦」，八成是俄羅斯族，另外兩成由超過一百八十個民族組成，胖子再瘦，也是世界面積最大，比沒落的英國還大，俄羅斯聯邦還是迎頭趕上經濟發展，成為世界強國之一。

追溯俄羅斯族的祖先是維京人，每一代都是硬著脖子生存下來。

「羅斯」是芬蘭人對瑞典人的古老稱呼，原意是水手、槳手，有一支維京人到了亞洲，遇到講話習慣在地名或人名前加「俄」的蒙古民族，便成了「俄羅斯」。身為勇敢無畏的戰鬥民族，俄羅斯人在冰天雪地中活動自如，是奧運競賽的常勝冠軍。

「鋼是在烈火和急劇冷卻裡鍛鍊出來的，所以才能堅硬和什麼也不怕。我們這一代也是這樣的在鬥爭中和可怕的考驗中鍛鍊出來，學習了不在生活面前屈服。」這段話出自《鋼鐵是怎麼鍊成的》的自傳體小說，作者是生於末代沙皇時期的尼古拉•奧斯特洛夫斯基，十五歲加入蘇俄紅軍，次年在內戰重傷，導致之後的全身癱瘓、雙目失明和脊椎硬化，他仍以特製模板及口述創作，小說出版後被翻成各國語言、拍成電影，過世前一年，蘇聯政府授予列寧勳章，見證他在三十二歲的奔流生命中，自暗礁激起的美麗浪花。

沙皇尼古拉二世在血友病的折磨下，逐漸放棄政權，無視人民生死。而作家尼古拉就算只剩幾根手指頭能動，也要拿起新的武器，將自己創造成為人服務的人。

如果整個世界是公正的話，勇氣就沒有必要存在了。

普魯塔克（前一至二世紀的羅馬帝國祭司、作家）

王權、貴族、公民，三權鼎立的羅馬共和國，底層公民的權利理所當然的被賤踏，戰爭過後，王權、貴族獲得擴張，獸有窩、鳥有巢，倖存歸來的公民面對的是殘破家園，若不幸田舍全毀，只能淪為無業遊民、借債求生，任債主鞭打、逼迫為奴，過著生不如死的日子。

世界如此不公平，格拉古兄弟看不下去，哥哥選上平民護民官，提出耕者有其田的《農地法》，收回地主「過多」的土地，分配給貧民世襲，抵觸到富人利益，元老院的貴族打死了哥哥和追隨者三百多人，丟到河裡，過了幾年，弟弟接著選上護民官，提出《糧食法》、《公民權改革法》等，讓貧民有飯吃、有工做，這次貴族請王權出動軍隊屠殺了三千多人，弟弟不想被抓，命令奴隸殺掉自己。

格拉古兄弟的民主改革，轟轟烈烈的失敗了，但為七萬多小農爭取到土地，元老院再過百年也放棄共和制，由皇帝一人專權，建立元首制的羅馬帝國，原來，民主開倒車的事，在兩千多年前的古羅馬時代就發生過了。

羅馬帝國的一位執政宮普魯塔克，將格拉古兄弟寫入《希臘羅馬名人傳》，讓他們的精神不死、名垂青史。

格拉古兄弟的本名？說了也等於白說，因為太長了記不住，古羅馬人的名字分四段，個人／氏族／家族／綽號，格拉古兄弟的綽號還有兩個：提貝里烏斯之子、普布利烏斯之孫，其父與祖父和外祖父都擔任過代表王權的執政官，兄弟倆若能拉長時間取得各界信任，晉升代表貴族的元老院議員再推動改革，讓銳利的勇氣配上權力的盾牌，開路的長矛就不會刺入自己的胸膛，孕育羅馬的臺伯河也不會染紅兩次。

普魯塔克當過兩個皇帝的老師，也是阿波羅神廟的終身祭師，《希臘羅馬名人傳》又稱為《比較列傳》、《對照記》，以同一主題選出希臘與羅馬的代表人物，比如繼往開來者的亞歷山大與凱撒，他擅長以小事引人入勝，描繪主角性格如何改變命運，將倫理道德點滴式的滲透到讀者血脈裡，堅持以「被征服民族」的希臘文寫作的普魯塔克，被後世尊為「傳記之王」。

普魯塔克與格拉古兄弟一樣嚮往民主政治，前者的著作從古羅馬風行至今，過去被稱為雅典最受歡迎的教科書，現在是各國大學生必讀的文學經典，而羅馬帝國的霸權早已碎得不見渣了！

冠軍有不斷翻頁的勇氣，因為他們知道下一個章節會更好。

寶拉・懷特（二十世紀～的美國牧師）

史上摘下最多奧運金牌的運動員，是人稱「飛魚」的美國游泳健將麥可・費爾普斯（Michael Fred Phelps II），四屆拿下二十三面金牌、三面銀牌、兩面銅牌，他在二〇一六年里約奧運宣佈退役時，他一個人得到的金牌數比八成國家還多，在兩百零六個參賽地區或國家中，約有半數的國家沒拿過金牌、三分之一的國家沒拿過獎牌。

當費爾普斯站在地面，他是個耳朵大、手臂長、腿太短的過動男孩。

當費爾普斯潛入水中，他成為推力大、阻力小、耐力強的頂尖泳者。

他的教練說：「如果你已經是第一，那就把標準提高，而且每天都要！」

他從十一歲開始，每週七天，每天五點起床，至少游五小時，禁止參加派對與商業活動，他在雅典奧運拿下六面金牌以後，教練加重練習，讓他在北京奧運再拿下八面金牌，打破單屆奧運會奪金最多的紀錄。

當費爾普斯離開泳池，長期沒有朋友和正常生活的他，沉淪到大麻、酒精、賭博的惡習中，讓他憂鬱纏身差點熬不過來，幸好，費爾普斯勇敢的說出自己的痛苦，重返奧運會再創高峰的高峰，現在，若有人因為他的經歷而得救，他所感受到的喜悅會比贏到金牌還要強烈。

美國是獲得奧運金牌最多的國家，每一屆都在刷新自己的紀錄，拉大跟第二名之間的倍數。

二〇〇九年，非裔黑人歐巴馬（Barack Hussein Obama II）當選總統，並且連做兩任；二〇一七年，沒有政治資歷的商人川普（Donald Trump）當選總統，口出狂言而且雷厲風行，哐啷、哐啷……跌破地球村民的眼鏡，美國人民用選票一再翻新世俗成見。

美國處處充滿奇蹟，寶拉・懷特是川普就任典禮上祈福的宗教領袖之一，她在十八歲之前沒有聽過福音，《聖經》為她的人生翻過新的一頁，神不但修補了破碎的童年與身心，也開創幸福的道路，她與第一任丈夫創辦教會後，成為深具影響力的電視佈道家，不時鼓勵信徒多多捐款，一顆復活種子定價新臺幣三萬多元，行事風格和川普一樣不畏爭議。

他們都是經過鍛鍊的勇者，一旦衝開限制的「天花板」，就能大開腦洞、無限探頂，登入凡人不及的「新天堂」。

6 立志

有志向的人，就像配備導航的車輛，即使走錯岔路，終會抵達目的地。

前言

志向，不是有就好。

小時候，我們常立志，今天想當超人，明天想當蜘蛛人，卻忘了功課還沒寫，襪子還沒脫，便上床呼呼大睡。

去年立志唸好英文，今年一樣，明年也一樣，以為自己活在魔法世界，只需要許個心願，便會美夢成真。

志向，不是大就好。

如果，你立志成為黑幫老大，不願一磚一瓦的建立自己的城堡，只想心存僥倖的掠奪別人的高樓，那你出意外的機率很高，成為嘍囉和囚犯的機率也很高。

如果，你立志成為國家總統，做得愈好，成就愈大，但若自私自利、利慾薰心，禍害延綿可至百年；要是無欲無求、一心奉獻，卻老做錯決策，危害程度會比黑幫老大還要大。

有志向的人，就像配備導航的車輛，即使走錯岔路，終會抵達目的地。

沒有志向的人，就像斷線風箏，隨風飄揚，也像無槳小舟，隨波逐流。

立志，使心靈有嚮往，心神有安居，使人在狂風巨浪之中，能不慌不忙、腳踏實地的做出正確判斷，以耐心等候，用信心突破難關。

不立志，心中沒有願景，腦中沒有藍圖，好比不存錢的月光族，時間、金錢有多少花多少，看起來一身瀟灑、輕鬆自在，一旦陷入困境，難有轉圜餘地。

幾乎所有的奧運選手，都是從小立定志向，要成為一名優秀的運動員，一天投入數小時，一年投入數百天，年復一年的累積實力，看準目標，從區賽、縣賽到全國第一名，方能代表國家出賽。

也許有人會說，我不用立志，既沒有鴻鵠之志，還有恐高症，只想當隻快樂小鳥，低空盤旋。但是，一個人渾渾噩噩混日子，連自立的能力都沒有，當隻快樂小鳥也只是遙不可及的夢想，成為他人的拖累才是殘酷的現實，一個人積極向上足以自立，自然成為別人的依靠、家庭與社會的中流砥柱。

如何立志呢？請你拿出一張紙和一枝筆。

先運用「想像力」，寫下希望自己成為「□□」的人，再列出一項項必備能力，實踐「執行力」。

如果，為了當上飛行員，下足苦工，可惜視力不佳，改當飛機銷售員，一樣能夠與飛機為伍，領域、視野更為寬廣。實踐的過程，「修正力」、「適應力」、「持續力」必須輪流發功，為夢想加把勁。

人生方向，左彎右拐，只要有心，立志不嫌早，也不怕晚。

沒有目的和方向，努力和勇氣是不夠的。

約翰・F・甘迺迪（二十世紀的美國總統）

傑米從小就很會迷路，站在路口完全沒有方向感，人生也是。

朋友不知道他憑什麼被選入新成立的籃球隊，身高一七五公分的傑米上了場，經常搞不清楚自己該往哪裡跑，跟在別人屁股後移動，一不小心就會絆倒自己的隊友，為對手陣營加分，好多次，他把球傳給了對手，或把球投錯了籃框，也曾在兩隊平分的緊張時刻，在比賽結束的最後一秒給自己的隊友一記火鍋蓋，白白丟分，延長賽事。

籃球隊連續輸了一年，被球迷砸過雞蛋、蛋捲和其他東西，終於隊長受不了了，私下請高手來進行特訓，讓傑米發揮彈跳的優勢，由別的隊友引導他方向，在默契純熟的齊心奮鬥下，新籃球隊竟然打入全國前八強，從飯後笑話變成勵志故事，盜版濫造的周邊商品賣翻天，一塊錢也沒進球員口袋。

隊長要求加薪，老闆跑來訓話：「你們這些人有沒有搞清楚自己的任務？我辦球隊是為了節稅，結果引來國稅局查稅！」接著，老闆開除所有老將，換上一批肯定輸球的菜鳥上場，讓球隊繼續賠錢。

一八四八年，甘迺迪的曾祖父為了逃離饑荒，從愛爾蘭移民到有種族與宗教歧視的美國當二等公民，甘迺迪祖父在二十七歲當選麻省的州議員，甘迺迪父親二十五歲成為麻省最年輕的銀行總裁，甘迺迪不到三十歲躋身首都的眾議員，只經過三代的累積，甘迺迪家族躍居為美國前十大富豪之列。

培養一個總統，是甘迺迪家族的目標，在甘迺迪父親的嚴格指揮下，八個孩子從事律師、媒體業、公關等等，來協助甘迺迪競選與施政，服從「一切為了勝利」的原則。

一九六〇年，甘迺迪競選總統時，在北卡羅來納州的體育館發表演說，引用蘇格拉底的句子，「如果一個人不知道他要航向哪個港口，沒有風向是順風。」甘迺迪所指的方向，直到一百五十年後的美國還在遵循，「我們將建立一個強大、不斷發展和繁榮的美國，成為全世界自由的保護者。」

甘迺迪為了拉近與民眾之間的距離，才會打開總統座椅的防彈罩，在四十六歲的壯年被暗殺身亡。他用生命告訴各國領導人，努力和勇氣是不夠的，「安全」才是回家唯一的路。

擬定目標是將隱形轉化為可見的第一步。

安東尼・羅賓斯（二十一世紀的美國潛能開發專家）

哈佛大學對即將畢業的企管碩士做了一項調查。

「未來有明確目標的人，有多少？」

結果令人吃驚！

只有三％的人有明確目標，並寫下執行計畫；十三％的人有明確目標，但沒有寫下來；八十四％的人沒有明確目標。十年後，哈佛大學追蹤這群畢業生，發現三％有目標並寫下來的人，平均收入比沒有目標的人多十倍；十三％有目標但沒寫下來的人，平均收入也比沒有目標的人多兩倍。

收入最少的人，是八十四％的大多數人。

由於畢業生的薪水，決定了學校排名，哈佛大學趕緊將教學生設立目標這件事，當作學校經營的首要目標。

比如，先設立「五年」要存「一百萬」的總目標，就能算出「一年」要存「二十萬」的小目標，等於「一個月」要存「一萬七千元」的執行方案。

每個月都能檢查總目標的達成度，不用等五年後，才恍然大悟自己光說不練。

十七歲的羅賓斯患有巨人症，邊上高中邊做清潔工，身高將近兩百公分，肥胖又沮喪的外形，和三十五歲當選「美國十大傑出青年」的羅賓斯，邊經營事業邊發展公益，健壯又陽光的模樣，簡直判若兩人。

羅賓斯為了改變自己，擺脫有過四任爸爸的拖油瓶身世，跑了四十四家銀行籌措鉅資去學習「潛能激發課程」，後來是一位銀行經理私人借錢，成就了美國新一代的潛能激發大師。

全球五大演說家、企業創辦人、暢銷作家……這些都是羅賓斯的頭銜與光環。但他深知喜悅不是來自名利，而是分享，他希望能幫助別人找出激發內在驅動的無形力量，像他一樣樹立起新的「自我意象」，調正「神經系統」，將自己從「窩囊廢」設定為「天生贏家」。

不過，潛能激發可不是光對著鏡子大喊：「我是最好的！我會變有錢！」就夠了。夢想是隱形的，必須每天身體力行，才有成真的可能，現在就從寫下目標開始行動：

我想成為＿＿＿＿＿的人。

我計畫每天進行＿＿＿＿＿，預計＿＿＿＿＿之後，達到＿＿＿＿＿的第一個目標。

志向是成功的道路，持續是讓你抵達的車輛。

比爾・布拉德利（二十世紀～的職業運動員、美國政治家）

「你當自己是狸嗎？竟以為能將樹葉變成鈔票！」

這位叫做橫石知二的農業經營指導員，被山上的老人家當笑話，但後來他果真成了有幻術的狸，為山上的老人家創造出巨大的財富。

年輕指導員說服叫他「滾回去」的老農民，以地形優勢做農業轉型，短、長期交錯採收，冬閒時製作蕃薯乾加工，把農家的收入翻三倍。可是，村裡大多是做不了粗活的老人，指導員就想出「賣樹葉」的奇招，吃遍京都高級料亭的他，幾乎花光兩年薪水，才悟到點綴餐盤的花葉底下，有哪些古老故事與文化意涵。

在指導員的立志奔走下，日本上勝町開闢出一條財路。賣樹葉的彩株式會社成員將近兩百位，平均年齡七十歲，每個人的年收入少則幾百萬，多達上千萬日元，老人家忙著賺錢壯大事業，沒時間生病，造成當地老人院倒閉……。這些傳奇，吸引了全世界的人來採訪，滿山滿谷都掛著鈔票，不只賺觀光財，周邊商品一個接一個賺個沒完。

別人看他是一位球星。

布拉德利從九歲開始打籃球，把鉛塊放在運動鞋裡等等的自律訓練，每週一百個小時以上，為他往後的人生戴上一頂頂的冠冕。

普林斯頓大學破例錄取他，這位在高中期間兩次被評為全美最佳籃球員，不負眾望，大一新生的每場比賽均分，已超越NBA的某些職業籃球隊，大學期間連續三年被選為全美最佳籃球員，代表美國國家籃球隊奪得奧運金牌。

他一直在為自己的政治生涯鋪路，目標是成為總統。

進入NBA的職業籃球隊之前，他拿著獎學金到牛津大學攻讀政治、哲學和經濟學，同時代表義大利的職業籃球隊，贏得頂級水平的歐洲冠軍杯，加入紐約尼克斯隊之後，他幫助球隊拿下空前絕後的兩次NBA總冠軍，自己也坐上NBA全明星的寶座。

布拉德利向來認為：「成為第一名比保持第一名更容易。」三十五歲，他成為史上第一年輕的州議員，頂著籃球明星和暢銷書作者的光環，連續當選三屆參議員任職十八年，直到總統初選才嘗到敗績，安慰的是，牛津大學肯定他在體壇、政壇的出色表現，授予法學博士學位，又幫他戴上一頂冠冕。

眾所皆知，胸有大志的人能爬行也能飛翔。

埃德蒙・柏克（十八世紀的英國政治家）

一家國際知名的餐廳裡，一表人才的青年上門質問店經理。

「為什麼儲備主管是他不是我，我學歷好、能力好……。」

「你確定你能力好？」店經理抄起抹布轉眼擦好一張桌子，「你可以把桌子擦得又快又乾淨嗎？」

「我又不是來擦桌子的，我是來管理擦桌子的人。」

「請問不會擦桌子，怎麼管理擦桌子的人？」

「經理，公司請主管來擦桌子太浪費了吧，人力不是這樣用的……。」

「主管做事沒有高低之分，」經理順手擦掉黏在玻璃上的鼻屎，「代理屬下職務的時候，每件事都要有能力做好。」經理眼望正在彎腰帶位的儲備主管，「看到沒？他對待客人沒有大小之分。」

青年反省自己草率作為和傲慢態度，不得不甘拜下風。

一七八九年的法國幾近破產，天災不斷、戰爭頻繁、饑荒四起，國民制憲議會才成立兩天，財務部長竟敢管王室怎麼花錢，徵稅徵到權貴身上，好大的膽子！國王路易十六解僱剛上任的財務部長，消息一傳出，巴黎立刻陷入暴動，巴士底監獄被攻破，「大恐慌」蔓延到農村各地。

英國人驚訝到不知道該責備還是鼓掌，次年，埃德蒙・柏克出版《對法國大革命的反思》，批評法國人的暴力血腥，是對傳統與文明的毀滅性破壞。

柏克的父親是一名成功的律師，但柏克學到一半興趣缺缺，轉以寫作為生，還創辦政治性刊物，結婚後，遊走政治圈三十多年，從私人祕書到國會議員，他同情被英國奴役的殖民地、提倡自由經濟體制，寧可失去選票，也要表達正義。

眾人被嚇得嘴巴開開，你這個支持美國獨立、對抗英國王室特權的傢伙，現在到底在講哪一國的話？柏克認為自己是站在人道立場講話，法國那些人揮著鮮豔的三色國旗，喊出漂亮的抽象口號都是假的，腳底流動的滾滾鮮血才是真的。

這是歷史上少見的精準預言，柏克擔憂法國大革命之後，會出現恐怖平衡的極權專制，而且擴散到整個歐洲，一八〇四年，拿破崙成為法國人的皇帝，除了英國，打遍歐洲無敵手，還打到亞洲、美洲，各國組成七次反法聯盟，到了一八一五年，才結束法國之亂。

立志、工作、等待，是成功的金字塔基石。

路易・巴斯德（十九世紀的法國微生物學家）

打烊的酒吧，兩桶啤酒趁四下無人摸黑聊天。

香啤酒問酸啤酒：「你成天被嫌酸，不想想辦法改進嗎？」

酸啤酒蠻不在乎：「我也不知道我的人生為什麼變酸了，就把命運交給上天吧！」

香啤酒詫異的說：「當我是麥芽的時候，就知道自己要成為香啤酒，我和個頭差不多的麥芽一起泡溫水，一起努力變身成為麥汁，工作中，我們和釀酒師齊心忍受高溫煮沸，再耐心等待低溫發酵，最後才能享受到被稱讚的啤酒人生。」

酸啤酒為之一驚：「我一直是糊里糊塗的，不知道為什麼麥芽要浸到溫水裡，也不知道為什麼自己從固體變成液體，感覺最寶貴的部分成了渣，我們邊哭邊抱怨高溫煮沸，不耐煩的苦等低溫結束，酒客不想喝就算了，還吐回來，天哪！上天對我太不公平了！」

香啤酒安慰酸啤酒：「只要你沒有變壞，還是會有人欣賞你的特色，千萬別自暴自棄，也許你換個跑道，經過大廚的巧手烹調，會成為料理界的明星。」

酸啤酒一動腦就頭痛：「我先睡一覺好了。」夢中等待幸運之神的降臨。

十九世紀的法國人很憂愁，拿破崙皇帝從歐洲霸主淪為聯軍囚犯，國力衰弱、經濟吃緊，養不活子女只好拚命節育，戰爭損失兩百萬人，瘟疫奪走八分之一的城市人，包括化學家巴斯德的三個孩子，他用實驗證明細菌是從空氣散播來的，不是從宿主身上長出來的，並做出疫苗，治癒患者，許多技術直到今天都還管用。

第一次中風在四十六歲，巴斯德拖著病體研發出雞霍亂、炭疽病、狂犬病、傷口化膿的解藥，他是可怕瘟疫的終結者，不但拯救了億萬生命、延長了人類三十年壽命，還找出蠶的致病細菌，挽救了養蠶業與絲綢業，「巴氏滅菌法」拉長了食物保鮮期，振興了食品業、釀酒業和政府，法國才能依靠賣酒償還戰爭欠款。

愛國的巴斯德被尊為「微生物之父」，中風數次仍工作不懈二十五年，不吝將成果分享給世人，「告訴你我達到目標的奧祕吧，我唯一的力量就是我的堅持精神。」

巴斯德的堅持，打敗了愚昧與戰爭，迎來了科學與和平的世界。

你必須有一個大的願景，以非常小的步驟到達那裡。

傑森・卡拉卡尼斯（二十一世紀～的美國企業家）

新加坡被迫「獨立」的時候，像兩手空空的未成年繼子，淚流滿面的被母國馬來西亞趕出家門，除非乖乖聽話當二等賤民，否則休想回來！李光耀總理和兩百萬人民非常悲傷，其中四分之三是華人，在一億多人口的馬來海洋中，新加坡如同一座被孤立的華人島嶼、一顆沒有軀體的弱小心臟。

從一九六五到一九九〇年，李光耀於四面楚歌中謀求生路，包括在人工小島上建立石化工業，海床下挖洞儲存油桶，引進尖端科技、培養在地人才，將新加坡轉型為國際金融中心，國民生產總額（ＧＤＰ）年年成長，到了二十一世紀，當新加坡的人均ＧＤＰ突破五萬美金，馬來西亞僅有一萬美金，全球競爭力排名更是遠遠、遠遠的落後五十幾名。

一生千辛萬苦，李光耀讓新加坡華人成為世界的一等公民。

如果你來自貧民區，讀的是三流大學，當的是二流學生，期望像傑森・卡拉卡尼斯一樣創業致富，按照他的說法，只有智勇雙全的「絕地武士」，才能參加這場殘酷的遊戲。

卡拉卡尼斯靠著一本十六頁的影印通訊起家，後來成長為一本三百頁的貿易雜誌，他拒絕兩千萬美金的收購，卻慘跌一跤變成負債窮光蛋，於是他改行經營部落格網站，這次有人喊價趕緊脫手，以兩千多萬美金賣給美國線上，從此他口袋麥克麥克，逆轉為新創企業的天使投資人，Uber、Facebook等公司的早期持股，讓他連中大獎般的樂透了。

「網際網路這行業，靠的不是翻天覆地的大創新，而是日積月累的小創新：每一天、每一週、每個月，愈來愈成熟。」卡拉卡尼斯對未來有自己的一套見解，即使別人認為走錯路，他仍會堅持願景並創造新的成功。

投資，不外乎投資產品或人才，你要如何成為值得被投資的人才呢？

有志者千方百計，無志者千般理由。

印尼諺語

有志和無志是一對兄弟，性格完全不同，常被拿來比較，有志唸書是千方百計的記住，無志翻書是千般理由的逃避。

無志嚷嚷著背歷史太難，無志的爸爸提起當年勇，說自己年輕時如何夙夜匪懈的創造臺灣經濟奇蹟。

無志：「什麼經濟奇蹟，根本是海盜王國，專門掠奪別人的智慧財產。」

無志的爸爸：「這叫見賢思齊，我們也不是照單全收，都是改良過後功能升級、價格一半，你以為美國的工業革命是怎麼來的？是一個叫斯萊特的英國人把紡紗機偷渡到美國，做一些『模仿』英國的次級品才發展起來的，日本也是模仿歐美。」

有志：「侵權官司賠多了，臺灣現在是全世界專利權最多的國家。」

有志的爸爸：「對嘛！成功者找方法……。」

無志：「爸爸，戒菸方法你找到了嗎？」

……

到了印尼，你會驚訝的發現，這裡是全世界穆斯林最多的地方，這裡也是全世界島嶼最多的國家，隔山越水的一萬七千多個島，比其他國家擁有更多樣的民族和語言。

印尼人常說：「他們是多樣性的，但他們也是單一的。」

一九四九年，印尼宣佈獨立，脫離荷蘭人的殖民統治，在多樣性中統一為一個國家，全名是「印度尼西亞共和國」，印尼是個年輕的國家，平均年齡不到三十歲，百分之六十在第四大的爪哇島，島上的一億多人口比日本的總人口還多，而且密度節節攀升。

印尼位於赤道雨林，一年四季都是夏天，是個很熱又不怕熱的國家，正式場合上，男人穿長袖、長褲、頭巾，女人穿長袖、長裙、頭巾更是包得只剩兩顆眼睛，也因為多數信奉伊斯蘭教，印尼人性情溫和、隱形度很高。

踏上峇里島，你會再度驚訝的發現，印尼融合了印度文化，峇里人多數信仰印度教，相信萬物皆有靈，熱情歡迎全球村民來給小費，美金、盧比皆可收，刷卡也可以呦！

志向是天才的幼苗。

瓦西里・亞力山德羅維奇・蘇霍姆林斯基（二十世紀的蘇聯教育家）

春雨綿綿，睡不著的老農夫戴著斗笠、蹲在苗圃角落，慈祥地提醒一群垂頭喪氣的小苗。

「你們不要習慣性的躲在別人陰影底下納涼，這樣會長不高。」

垂頭喪氣的小苗們看似頻頻點頭，實則瞌睡連連、暗暗不服氣，「我們就是不想長大。」

別人指的是抬頭挺胸的小苗，他們照著老農夫的指揮，每天早起深呼吸，左搖右擺動一動，日復一日長得快，不久，長成一棵棵小樹的他們，各自搬到廣闊的森林或庭園，展開頂天立地的百年生活。

年復一年待在原地的小苗們，漸漸的老了，天天抱怨苗圃的空間侷促。

小苗們振振有辭的數落老農夫：「就是你嘮叨，才害我們睡不飽、長不高。」

老農夫冷笑：「你們已經得到想要的生活，為什麼要羨慕別人成為大樹呢？」

春日融融，蘇霍姆林斯基帶著學生在藍天下的快樂教室，感受大自然的清風、鳥鳴和花香，親手種植幼苗、收穫果實，他是《帕夫雷什中學》一書的作者，三十歲那年，辭掉區教育局長的官位，回到教育第一線，他也是《帕夫雷什中學》的校長，所有老師與學生的老師。

蘇霍姆林斯基曾經是個頑劣的學生，這位出生於烏克蘭的農村子弟，成長在蘇聯聯邦的社會主義下，長年渴望不到一位春風化雨的老師，於是他立志成為教師，教育自己也教育學生成為一個善良的人，《把整個心靈獻給孩子》是一本書，也是一份教育理念，他一生為兒童教育寫了四十多部專著、六百多篇論文和一千多篇童話，他把整個生命獻給教育，想當老師的人都應該讀上幾本。

身為教育學博士、教育科學院的通訊院士，蘇霍姆林斯基在上世紀的教育創舉，現在看來依然新潮，包括開辦「家長學校」，在孩子上學的前幾年，家長就要開始上課，直到孩子畢業為止，這……當家長的人，也得立志才做得到呀！

君子立長志，小人常立志。

中國諺語

滿頭大汗的卡車司機把貨搬進廟裡，頓感清涼，喝杯奉茶之後更是身心舒暢，擦汗之際瞄見「徵：廟祝」的紅紙條，看起來位高、權重、錢多多，司機立馬領了張空白履歷表認真的想、照實的填，填到欄位不足，字體愈寫愈小。

外送員、廚房助手、倉儲人員、外場服務生……，這些過去的經歷面試官都不問，只談要做的工作。

「廟祝是管理職位，供膳宿和制服，早上四點起床，六點前要把桌面、地板打掃乾淨，茶水、供品準備齊全，廟裡的大小東西都歸你管，東西壞了要修、缺了要補，每天盤點庫存，每月做帳目報告，人和為貴，鄰里關係要打好，香客服務要周到，合約簽三年……。」

卡車司機果然打退堂鼓，拍腿大喊：「我還有貨要送，先走了。」

慢走、慢走！面試官笑臉送客，一年到頭轉方向的人，怎麼待得住寺廟呢？

四世紀末，中國政府就開始管理寺廟和僧人，出家人好處多多，國民應盡的納稅、勞役等等一律減免。

七世紀的隋朝末年，大理寺卿鄭善果到洛陽城當面試官，僧人名額只有十四名，一位十三歲的小沙彌年齡太小進不了考場，徘徊場外。

面試官：「出家意何所為？」

小沙彌：「意欲遠紹如來，近光遺法。」

面試官問為什麼出家？小沙彌竟說是為繼承佛法、廣度眾生，面試官一聽此言非同小可，再觀此人風骨難得，小沙彌破格晉升為小和尚，法號玄奘。

小和尚勸告同齡沙彌，別再像無知小兒一般嬉戲，徒然浪費一生光陰。不到十年，玄奘法師被爭邀到各地講道，後來成為明朝小說《西遊記》的主角原型。

小說裡的唐三藏懦弱怕事，真實的玄奘可是膽識過人，沒有體魄強健，哪能偷渡各國，熬過沙漠、雪崩、軟禁……的劫難，輾轉十九年取經歸國，創立中國佛教法相宗。玄奘法師是中國最偉大的譯經師之一，對日本、韓國的影響悠遠，他也是戲劇界最愛演的高僧之一，全球知名度屢創新高。

「小人」指的是沒文化的市井小民，「君子」代表有讀書的知識份子，入的都是廟，小人與君子的出發點不在一個層次，格局與成就更是天差地遠了。

這是人生的真正快樂，你致力於自己認可的偉大目標。

喬治・蕭伯納（十九～二十世紀的英國劇作家）

當全世界拿著槍與電鋸，對動物與林木趕盡殺絕，變賣為金錢，競逐「國民生產總值」GDP的成長，搶入先進國家之列，位於喜馬拉亞山脈的不丹，在一九七〇年代，逆勢提出「國民幸福總值」（Gross National Happiness，GNH），全國禁菸、禁用塑膠袋、減緩經濟發展，將樹木種回土地，回歸藏傳佛教的傳統文化，重視生命與和諧關係。三十年後，當先進國家的人民被高工時、高消費壓得喘不過氣，自殺率節節攀升時，不丹人選擇儉樸生活，修行身心靈的平衡，成為全世界最幸福的國家，「我很滿足」是不丹人最常掛在嘴邊的話。

不丹不花錢在武器軍隊上，國力投注在免費醫療與免費教育，低污染的水力發電是「流動黃金」，光賣電給印度就撐起大半GDP，印度與不丹自然站在同一陣線，維持國際和平。

英國經濟學家萊亞德在著作中，寫下他的真心感觸，「一個追求快樂的國家，才是最偉大的國家。」

蕭伯納年輕的時候，是個標準的魯蛇。去愛迪士電話公司上班不久，公司倒了；幫報紙寫音樂評論，報社倒了；五篇小說被六十家出版社退稿。他寫信給人在都柏林的表弟表示幻滅，原以為倫敦充滿藝術氣息，實際上，倫敦街上的大小教堂有上千個，市民被迫與宗教共同生活，腦袋也被政治塞滿了。

抱怨歸抱怨，蕭伯納一點也不灰心，甚至誇下豪語：「我要征服倫敦！」

在征服倫敦之前，蕭伯納先克服了自己的害羞，加入辯論會狂練口才，靠著機智風趣成為演說家，胸懷大志的他不怕現實磨難，反而透過戲劇呈現人世的醜陋，為弱者發聲的同時，他攀上權勢的高峰，是史上唯一得過諾貝爾文學獎和奧斯卡金像獎的作家，《窈窕淑女》的電影魅力至今征服全世界。

藉由戲劇人物，蕭伯納流露他的創作初心，「全神貫注的人無所謂快樂與否，只是單純朝氣蓬勃，這遠比任何快樂更教人愉悅。」

7 情緒

愛與恨、明與暗，本為一體，只在一念之間。
從一個小小的微笑開始，大大的改變自己吧！

前言

情緒是什麼？它來去無蹤，眼睛追不到路徑，但迎面而來的，是颯颯陰風的耳光，還是暖暖和風的輕撫，從頭到腳都知道。

有種人彷彿天生擁有無形的財富，總是談笑風生、自信開朗，談吐之間令人心生歡喜，一舉一動使人會心微笑，即使被潑得一身髒水，也能心平氣和、一笑置之。

好像宇宙正氣、日月光芒都聚集在此人身上。一出場，有如天地儒俠史豔文，頭頂萬里晴空、祥雲瑞氣，腳踏正義凜然的節奏前進；遇到不公不義，必會拔刀相助，亮出純陽一劍、金光十八掌來抗妖伏魔。

有種人彷彿天生依附無形的貧窮。總是口不擇言、垂頭喪氣，相處起來使人悶悶不樂，惡行惡狀教人黯然嘆息；受到一點委屈，不是眉頭緊鎖，就是哭天喊地。

好像宇宙黑洞、無盡深淵都圍繞此人四周，一出場，有如幕後黑手藏鏡人，挾帶霹靂閃電、飛砂走石，懷抱滿腔憤恨、有志難伸，不時高喊：「順吾者生，逆吾者亡。」

稍不如意，就打出飛瀑怒潮、暴雷狂濤來宣洩不滿。

眾人以為史豔文和藏鏡人，是正邪不兩立、黑白不相交的死對頭，然而，史豔文和藏鏡人是一對雙胞胎兄弟，後者在繈褓中被擄走，不但認賊作父，還將親人視為仇敵，狂練不合體質的純陰掌，兄弟相認後，聯手練成天地一氣的陰陽合招，愛與恨、明與暗，本為一體，只在一念之間。

邱吉爾家族有憂鬱症病史、戴爾・卡內基身材瘦小又害羞自卑，不是每位成功人士生來就意氣風發，只是，他們選擇丟掉貧窮的石頭，栽下富有的種子。

貧窮與富有，是一種心態。

應該停下來憂慮，還是站起來行動？

應該摀著眼逃避，還是面對面溝通？

應該嗤之以鼻的驕傲，還是不恥下問的請教？

應該痛快的以暴制暴，還是寬容的以德報怨？

人生，是哭還是笑？

選擇權不在於命運，不在於他人，而在於「我」，從一個小小的微笑開始，大大的改變自己吧！

如果你想戰勝恐懼，不要坐在家裡思考它，出去忙吧。

戴爾・卡內基（十九～二十世紀的美國人際關係學專家）

第一位從宇宙中俯視藍色地球的人類，不是美國人，而是首航歸來受到英雄式歡迎的蘇聯飛行官加加林。

一位受到鼓舞的紡織女工，因此寫信向航太學校表達想要當太空人的心願，誰也想不到，兩年後，這名沒有飛行經驗、只是熱愛跳傘的年輕女孩，能通過煉獄般的全套訓練，如願穿上加加林的太空衣，成為第一位進入太空的女性太空人，她是泰勒斯可娃。

泰勒斯可娃一升空，就發現自動導航軟體有個錯誤，會加速進入宇宙而回不了地。原本預訂一天的航程，官方宣稱她想多玩兩天再回來，事實上，她忙著開發新的著陸演算法，一邊寫日記、拍照、錄影，一邊監控太空艙、一圈圈繞行地球旁的四十八個軌道，整整三天綁在太空椅上忍受種種抽搐、痛苦，在降落時摔得鼻青骨疼，總算完成任務。

直到八十幾歲，泰勒斯可娃仍積極投入公共事務，並且報名了火星探險，就算是單程旅行也不怕。

有戶農家，不管種什麼，水一淹就沒了，養的豬也死於霍亂，小兒子長得又瘦又矮，每天早起擠牛奶、做農務後才去上學，全家人沒日沒夜的幹活，負債卻愈來愈高，要不是母親的信仰堅定，相信問題都會解決，父親早就活不下去了。

一天，小兒子回家時，看見母親正哼著歌清理農地，即便河水把農作物洗劫一空。在母親不屈不撓的樂觀教育下，小兒子刻苦學習，一路唸到師範學院，突破害羞性格參加演說比賽，屢敗屢戰十幾回，終於獲得青年演說家獎。

這位青年是戴爾・卡內基，為了像鋼鐵大王安德魯・卡內基一樣成功，前者將讀音相近的姓氏改得跟後者一樣，兩人都是出身貧苦，有堅毅果敢的母親作為靠山。

戴爾・卡內基熱愛寫作，屢退屢投仍不放棄，小說和傳記乏人問津，演講課程筆記卻成了暢銷書，在大失業的年代，他以正面思維鼓舞人們振作，《如何贏取友誼與影響他人》一書上市，更掀起新高峰，每週銷售五千本，一九五五年，他去世前，這本書已經翻成三十一種語言、銷售五百萬冊，他的課程更影響了千千萬萬人。

想交朋友嗎？

先真心的為別人做些事吧！

當我心情不好時，我會寫下我的大部分歌曲。

特倫特・雷澤諾（二十世紀～的美國歌手）

很久很久以前，人和動物一樣，抓到什麼都生剝來吃，吃野菜、野果，也吃地上跑的野獸、水中游的魚鱉蚌蛤、天上飛的鳥禽昆蟲，不管黃黑紅白，能填飽肚子的就是食物。

雷電經常引起火災，也招來一群趁火打劫的食肉動物，捕捉嚇壞奔逃的動物、搶食「燒肉」和「燒菜」的美味、享受「餘燼」的溫暖，一些大膽的人不但靠近火源，還試著馴火、與火同居，夜晚的火光是不落的太陽，是自行揮舞的武器，令野獸畏懼退避。

鋪天蓋地的森林大火，在人類手中成為延續生命的火苗，成為直上太空的火箭。火，是原始人的門神，也是現代文明的開端，讓人躍升到食物鏈頂端，人們至今仍以「傳遞聖火」的儀式，劃開奧林匹克運動會的序幕。

雷澤諾是從美國賓州鄉村一望無際的玉米田中，冒出來的音樂種子。

外祖母讓他從五歲開始學古典鋼琴，期盼他成為古典鋼琴家，哪想到，他高中時愛上恐怖電影和搖滾音樂，大學的電腦工程系讀一年就休學，一股腦的想創作音樂，不惜到唱片公司當助理兼打掃，換取半夜免費使用錄音室的機會，一人作曲兼主唱，包辦打鼓以外的十幾種樂器演奏，錄製完畢後，他組成了一個現場演出的小型樂團。

《厭惡體制化》是雷澤諾的第一張音樂專輯，上市兩年大賣百萬張，TVT唱片想乘勝追擊，插手他的創作，雙方不歡而散。之後，他獲得了各種音樂大獎和奧斯卡與全球獎的最佳原創音樂，身價水漲船高，合作多年的唱片公司，順勢將價格抬得高高狠削死忠歌迷，氣得雷澤諾高喊：「偷吧！快去聽盜版音樂。」

雷澤諾自立門戶後，從內容到行銷都顛覆傳統，整張專輯免費下載還歡迎轉寄，另外開放「自由打賞」，銷售各種價位的包裝版本，以及限量簽名珍藏版，一個年過半百的搖滾歌手，不但不褪流行，反而隨著網路興起、衝上高峰。

一如年輕，對世界感到失望的時候，雷澤諾會試著在某些方面做得更好，直到突破、發現出路。

我們周圍的高度技術愈多，就愈需要高度情感。

約翰・奈斯比特（二十～二十一世紀的美國未來學家）

幾千年來，住北極圈的一群人，世世代代與冰雪共生，住雪屋、拉雪橇、釣海魚，他們獵食北極熊，也將捕獲的鯨魚分食給北極熊，讓所有的物種都能生存下去。

他們是來自蒙古的黃種人，印地安人稱之為愛斯基摩人，譏笑為「吃生肉的人」，他們自稱因紐特人，意思是「真正的人」、「超人」，生食才能吸收更多養分。

在科技時代，他們用手機連絡集體狩獵，騎雪車追趕獵物，用電鋸割開冰層，即使拿著尖端工具，仍然是一群人合力拉起大魚或海豹，共享食物與資源，也共同養育孩子。

因紐特人是地球暖化的受害者，冰層融化了，居住地不見了，從游牧民族轉變為聚落定居，依然保持著慷慨與熱情的天性，少數沒有搬遷到城鎮的族人，雖然過著祖輩的傳統生活，卻發展出新的觀光產業，與來自各國的旅客成為朋友。

二十一世紀的日常風景，電腦進入家家戶戶，甚至成為介入婚姻的第三者；令人眼花撩亂的多元選擇、多元價值；將主權收回手中的自助辦學、自己動手做；金錢貨幣變成電子流通……我們不得不佩服約翰・奈斯比特在一九八二年出版的《大趨勢》書中，就已經準確的預測到了。

這些神預測是從哪知道的呢？占卜？外星人？

當時，個人電腦剛上市，互聯網尚未開放，奈斯比特卻已經看到網狀組織會取代階級制度，工業時代將轉型為資訊時代，社會基本單位會由家庭變成個人，全球經濟將密不可分，不過，奈斯比特也承認，沒想到女權運動發展速度這麼快。

奈斯比特的預測都是有跡可循的觀察，他收集各地新聞再加以分析，如同二戰期間的情報專家，只是對象由敵軍陣營改為自家社會，以及各國或國際趨勢。

你也想像奈斯比特一樣預測未來嗎？

奈斯比特不藏私的傳授心法：「專注現在，就能預見未來。」

未來，取決於你，如何看待、如何籌備、如何抓住變化帶來的機會。

如果你停下來朝每隻對你吠的狗丟石頭，你永遠到不了目的地。

溫斯頓．邱吉爾（十九～二十世紀的英國政治家）

火箭不可能回收！

汽車一定要用汽油！

人類移民火星還早呢！

伊隆．馬斯克是現實世界的鋼鐵人，他以堅強的意志、真實的產品，駁斥世人眼中的不可能，他已經做到火箭回收，大大降低成本，推出具有自動駕駛功能的電動跑車，造型又酷又炫，他宣稱「讓人類成為跨行星物種」，不久之後就能進行火星移民。

馬斯克的某些狂言沒有兌現，成了空頭支票，但不可否認，他的宏願將人類帶往一個新的境界，他給年輕人的建議，就是要勇於冒險、不要盲目跟隨潮流、聚焦訊號而非雜音……。

不管別人如何嘲笑，馬斯克只專注於自己的目標，甚至不惜傾盡所有的孤注一擲，在無比困難中取得非凡成就，名列全球富豪百人榜。

我們將戰鬥到底！

堅持到底，永不放棄！

勝利，以一切代價去贏得勝利！

邱吉爾是英國政壇的硬派份子，第一次世界大戰時擔任第一海軍大臣，投入大把經費發展坦克、軍艦和航空技術，確保軍備優勢，一戰結束，英國元氣大傷，上至王室、下到平民都認為縮編軍隊，是想當然耳的趨勢。

邱吉爾以他洞悉世局的真知灼見，預料到《凡爾賽條約》對德國索取的鉅額賠償，將引發新的戰爭，強烈主張整軍備戰，在希特勒節節逼進的戰事中，法國舉白旗投降，擔任首相的邱吉爾，堅持不談和、不妥協，奇蹟似的撤出三十三萬多名在法國的士兵，忍受德國空軍連續轟炸倫敦五十七天，運用外交手段與美國、蘇聯結盟，以假情報促成德國突襲蘇俄，讓盟軍得以部署新戰線包抄德國，贏得第二次世界大戰。

邱吉爾是唯一親身經歷二戰，又親手寫下回憶錄獲得諾貝爾文學獎的政治家，儘管他酗菸、酗酒，個性跋扈、粗魯，二戰勝利後人民讓他下臺，不過直到二十一世紀，在英國人心目中「最偉大的英國人」，邱吉爾依然是名列第一。

與其抱怨錯的事，不如感恩對的事。

札卡里·費雪（二十世紀的美國慈善家）

從超商下班的小雪，每天都忙著趕回家準備溫馨的晚餐。
讀幼稚園的小兒子先回家，一腳把球踢到櫃子上，抱怨同學不理他。
小雪邊晾衣服邊叫小兒子洗手吃點心，「老師說話的時候不要找同學講話」。
讀小學的二兒子回家了，兩手把門推得砰砰響，抱怨老師出題太難。
小雪邊切菜邊叫二兒子拿考卷出來，「你把3當8、8當3，才會考38分。」
讀國中的大兒子回來了，人和書包癱在沙發上，抱怨老師功課出太多。
婆婆的午覺被吵醒，走出房間碎碎唸：「哎喲！小孩多，家裡就亂……。」
小雪洗完米放進電鍋裡，笑答：「媽，等下孫子輪流幫你捏腿，多福氣。」
剛進門的老公，樂得接話：「多一個老婆更幸福。」
小雪笑容不改的卸下圍裙：「看來我還趕得上今晚的同學會，你快去找別的老婆來吧。」

老婆，我錯了！我不應該人在福中不知福。

費雪是出生在美國布魯克林區的猶太男孩，他的父親是來自俄羅斯的泥瓦匠，他的同學都在唸高中的時候，為了幫助家中開銷，他和兄弟到工地蓋房子，二戰爆發時，他被海軍陸戰隊拒於門外，因為年輕時在工地傷到膝蓋。

貧窮、傷殘都不能阻擋費雪想服務人群的熱情，三十幾歲起，他用建築技術協助美國軍方建造沿海防禦工事，經過兩代人數十年的耕耘，他的家族成為曼哈頓最大的房地產商之一，也成為傷亡與退伍軍人的最大後盾，不僅提供急難救助金，還在各地軍醫院旁建造住宅，讓照顧傷兵的軍屬免費使用。

費雪和妻子捐款成立的「無畏博物館」，是全球最大的海軍博物館，也是無畏號航空母艦的家，曾經傷痕累累、殘破不堪，現在每年為數十萬遊客，敘說它經歷韓戰、越戰、日軍神風特攻隊的自殺式襲擊，種種不凡的歷史故事。

「對我來說，成功是當有人累積一定數量的金錢，然後用這些錢為他人做點什麼。」

毋庸置疑，一生捐款破十億新臺幣的費雪，不但是成功的房地產商人，也是忠貞的愛國者與慈善家。

痛苦或者歡樂，完全蘊含於眼界的寬窄。

珀西・比希・雪萊（十八～十九世紀的英國詩人、改革家）

自己都活不下去的人，要怎麼成為別人的活菩薩？

她永遠也忘不了那一天凌晨五點，沉睡的丈夫，怎麼叫也叫不醒，二十六歲的少婦突然成為寡婦，她把錢送給親戚，一心想出家，她的父母跟到廟裡哭斷肝腸。

她是女兒，也是媽媽，捨不得親人受苦，她牽著兩名幼女回家，回到丈夫的水泥瓦工廠上班，過了兩年，她哭到黑天暗地也改變不了股東賣廠的決定，她索性賣掉嫁妝、借錢買下工廠，跟著工人拌水泥、做磚瓦，遇到天災，她不漲價並優惠災民，這樣還能賺錢，她默默捐款四十年，擔心百年後無法庇蔭孤兒寡母，將一生資產投入「寒梅基金會」。

她是身形嬌小的陳楊麗蓉女士，以剛毅的善心，將刺痛擰成一股繩索，救自己的家庭，也救千百個相同遭境的家庭，引領他們走出黑暗，看見天光。

為別人的苦難奉獻一生，也解救自己於苦難。

「當你同情別人的苦難時，就會暫時忘卻自己的痛苦。」詩人雪萊寫了一篇論文，細述人們如何經過鍛鍊，有道德者的心靈富有喜樂，自私者的心靈窮忙於驅趕痛苦。

雪萊是英格蘭貴族的家族長子，從小受到良好教育，八歲開始創作詩歌，中學時期和表哥合作出版諷刺小說，大學一年級印發《無神論的必然》，公然挑戰基督教社會的權威，被牛津大學開除，還被逐出家門。

窮困潦倒的雪萊，十分同情被英格蘭併吞的愛爾蘭，挺身而出寫下《告愛爾蘭人民書》，從雪萊父親的角度看來，這兒子頭殼壞了，你一個英格蘭貴族跑去都柏林，教愛喝酒的愛爾蘭人要多讀書，行善的快樂遠勝於醉後的頭痛，說什麼要讓世界更加平等、自由和普遍的幸福……。

雪萊命好繼承了祖父遺產，獲得財務自由，但婚後的戀愛自由，導致元配自殺而被迫離開英國，使他既愧疚又痛苦，此後四年，遠離家鄉的雪萊暢所欲言的寫詩寫劇，可惜不到三十歲，喪生於自造船「唐璜號」的翻覆，他的文采中有動人的韻律、浪漫的情懷和炙熱的情感，是詩人中的詩人。

一個妒火中燒的人，是不折不扣的瘋子。

威廉・梅克比斯・薩克萊（十九世紀的英國作家）

一顆子彈擊中普希金的腹部，射下了俄國詩歌的太陽。

普希金一生找人決鬥不下數十次，真正開槍只有四次，最後一次是因為他和朋友收到「戴綠帽子榮譽勛章證書」和匿名信，一致推舉普希金為副會長，惹得他勃然大怒，下戰書給妻子的追求者。

這是一場軍人對文人的決鬥，對手狡獪的先開槍，被擊中鈕扣後裝死，讓普希金沒再射第二槍，而三十七歲的普希金在一天後傷重不治，拋下了美麗妻子和四名孩子，以及由他開啟的現代俄羅斯文學。

決鬥，是俄羅斯貴族捍衛名譽的手段，但為了一點爭執就拿槍互射，實在很蠢，彼得大帝在十八世紀初立法禁止，歪風卻一路盛行到十九世紀，花樣愈變愈多，在普希金之後，一位詩人萊蒙托夫為了追求將軍的女兒，與老友翻臉決鬥，砰！當場就成了槍下魂。

《浮華世界》是英國作家薩克萊的傳世之作，小說敘述孤兒院長大的女主角，如何長袖善舞的躋身上流社會，女主角一度得到令人稱羨的名利地位，卻貪得無厭，直到丈夫發現她虛偽的假面具，友情、愛情、親情只不過是她的裝飾品，到頭來，她還是孤伶伶的一個人。

薩克萊的人生，也不比小說遜色。

他的母親是東印度公司的祕書，她不知愛人過世是家人的謊言，便嫁給同公司的高官，在英屬印度的加爾各答生下獨生子，次年，他的父親邀人來家裡做客，此人竟是母親的愛人。因父親病逝，他五歲時被送回英國，母親直到三年後與愛人結婚，才回到英國與他團聚。

二十多歲的薩克萊，沒幾年就花光父親遺產，只好靠藝術評論和諷刺插畫來賺錢，妻子生了三個女兒後精神崩潰，他帶著妻子輾轉到愛爾蘭、法國尋找適當的養病地點，最後回到英國，妻子比他多活三十年。

創作不輟的薩克萊與狄更斯並稱「小說雙傑」，他食慾旺盛，嗜吃辣椒，雖然有養馬，但很少運動，有次吃飽回家後中風，就再也沒醒來了。

憤怒就像那些粉碎自己的廢墟。

盧修斯・阿奈烏斯・塞內卡（前一世紀～一世紀的古羅馬政治家）

「羞、羞、羞，老不修。」

公園涼亭裡，老阿伯一把推散疊疊木，孩童們笑他輸不起之後，便一哄而散。

「哼，一群沒教養的小屁孩。」

一些老住戶說，老阿伯年輕的時候很帥，對左鄰右舍很親切，唉！要不是在婚禮上發了一頓脾氣，他現在也該做阿公咯。

當時，年輕氣盛的他不顧新娘的阻擋，指著新娘的前男友痛罵：「你不要臉，竟敢來這裡。」

前男友也不是好惹的：「同學結婚當然要來啊，欸！你不要害大家誤會我，她肚子裡的小孩真的不是我的。」說得好像新娘帶球嫁，有些同學忍不住噗嗤笑了。

新娘哭了，婚沒結成，老阿伯從此憤憤不平，連野狗也罵，有次被狗群狂咬，之後走路一拐一拐，成了瘸腿的羅漢腳（單身漢）。

塞內卡是古羅馬帝國尼祿皇帝的老師，這位喜愛藝術、性情殘忍的暴君，將身邊的生母、養父之子、兩名皇后陸續殺害，再逼退隱的塞內卡自殺，自己也走向自殺一途。

學養深厚的塞內卡，是比莎士比亞早生一千五百多年的悲劇作家，也是比培根早生一千五百多年的哲學家，為斯多德學院的代表人物，提倡公益分享與清心寡欲，但他助帝為虐的俸祿超高，還放高利貸、引發眾怒，雖然急流湧退，仍受政治牽連，落了個不得善終。

那時的羅馬城物欲橫流、奢華糜爛，尤其是有錢的權貴，絲毫不把人命當回事，塞內卡苦口婆心的寫了兩卷〈論仁慈〉給尼祿，看來效果很有限，塞內卡的兄長叫他寫篇〈論憤怒〉談談如何平息憤怒，他劈頭先講憤怒的可怕：還不曾有天災甚於憤怒，城市夷為平地，整個國家淪為廢墟……把所有至善至義的東西都顛倒過來。說到憤怒的治療，就是要保持理性，才有良好判斷，很難說事情是好或是壞，但可以確定憤怒只會壞事。

憤怒已經來了，怎麼對付？

塞內卡建議不要做任何事情，也不要流露出來，切開迴路才是王道。

能夠控制自己的激情、欲望和恐懼的人，比國王還偉大。

約翰・彌爾頓（十七世紀的英國詩人）

拿破崙和希特勒，兩人都是憑著戰績從士兵當上將領，成為稱霸歐洲的獨裁者，一個是出身科西嘉島的法國皇帝，一個是從奧地利偷渡來的德國元首，上臺初期廣受民眾愛戴，前者頒佈人人平等的《民法典》，推動時代的巨輪，後者進行日爾曼民族以外的大屠殺，帶來末日般的毀滅。

相差一百二十九歲的兩人，有些奇妙的巧合，都在四十四歲稱王、五十二歲攻俄羅斯、五十六歲戰敗，觀念上歧視女性，情感上眷戀女性，心理自卑而自大，性格暴躁易怒，身體飽受疾病折磨。拿破崙患有消化道潰瘍、便祕，因痔瘡爆發吃鴉片止痛睡過頭，「慘遭滑鐵盧」最終一役大敗，希特勒全身都是毛病、嚴重依賴藥物，敵人從諾曼第登陸時，德軍不敢叫醒希特勒而被痛宰。

兩人都因剛愎、輕敵，妄想一口吞下英國的海峽、俄羅斯的荒野，結果，將半生戎馬得來的江山又吐了出來，所經之處血跡斑斑。

詩人是怎麼養成的？

約翰・彌爾頓在劍橋大學讀書七年，拿到碩士學位後的五年，都在爸爸別墅盡情看書，幾乎看遍當時英語、拉丁語、希臘語、義大利語的作品，同時也創作詩歌，然後去歐州旅行。

如此家世，真是令人羨慕、嫉妒、恨。不過，彌爾頓三十歲以後開始承擔他的天命，他的著作被扭曲解釋，他本人被烙為激進份子，擔任政治人物的拉丁文祕書。晚婚的他，一度試圖離婚，年輕的妻子卻難產過世，留下三個孩子，從小體弱多病的他成為盲人；再婚的妻子也難產過世；所幸，他從第三段婚姻中重拾歡樂，在舊王朝復辟的監視壓力下，口述完成《失樂園》等三部長篇詩作。

《失樂園》是一萬多行的長篇敘事詩，講述被上帝打入地獄的魔鬼，如何引誘亞當與夏娃偷嚐禁果，復仇之後，上帝的新世界就摻雜了罪惡與死亡……。

彌爾頓被稱為「基督學院的淑女」，既陰柔又剛強，寫詩也寫散文和政論，提倡資本主義與人民自主，當過書報檢查官的他，還出版一本《論出版自由》來爭取出版自由。

寬恕是放囚犯自由，並發現囚犯就是你。

劉易斯・B・史密德（二十～二十一世紀的美國神學家）

一位神色不安的餐廳服務生，走進小鎮的天主教堂告解。

「神父，我對不起我的工作，昨天中午來了一個客人，他的問題很多，花了我很多力氣，加上我沒吃早餐，我私下分享了他的牛排。」

上帝赦免你，只要你保證沒有下次。

「客人發現牛肉比別桌小塊，又找我去問了很久，花了我很多時間，所以我把別人沒喝完的咖啡倒在一起，給了他一杯特調咖啡。」

嗯……然後呢？

「客人發現蛋糕是隔壁桌吃過的，直接叫經理過去，害我差點失業。」

願你真心悔改，上帝赦免你。

「我很抱歉自己一時衝動。」

還有嗎？

「我找到他的車，在四個輪胎上面各打一個洞。」

只要你坦誠自己的錯誤，上帝會赦免你。

「我沒見過那位客人，大概也不會再見到他了。」

新來的神父拉開小窗，對餐廳服務生露齒一笑，並遞出一張修車廠的帳單。

當你沒有被親愛的家人朋友善待，心中痛苦不堪，彼此關係膠著，該怎麼辦？

史密德牧師是神學博士也是教授，他是從荷蘭移民到美國的第二代，出生後兩個月，父親心臟病發過世，他不能怨恨命運，面對艱困的成長過程，內心時常鮮血淋漓，新傷混合舊痕，仇恨混合罪惡，因笨拙或無知或無奈傷害他人的羞愧，也令他無地自容。

直到他開啟「魔眼」，洞悉受傷的原因，以清澈的新視野看待「敵人」，並透過著作與演講，和許多人一起從原本不該受的傷害中，獲得痊癒。

寬恕不是姑息，也不是遺忘，所遭受到的不忠、背叛與殘忍。你不能寬恕大自然或體制，你只能寬恕傷害你的人和你自己，即使寬恕之後，仍會感到憤怒。

如果你要重修舊誼，對方必須真誠悔改，就算對方惡行不改，你還是能做到單方面的寬恕，撫平深深的裂痕，復合為完整的個體。

這是一項獨立成就的奇蹟，當你回想過去傷害你的人，由衷的給予祝福時，寬恕就已經開始了。

你的人生將走出恨意的荊棘，漫步於愛與希望的花園。

8 合作

「物競天擇、優勝劣汰」的觀念已經過時，「利他互惠、抑強扶弱」才是當代主流。

前言

合作，就是你、我兩個人以上，分工合力朝向同個目標。

遠古時代，人們圍著火堆共食，男人一起打回的獵物，女人一同採擷的果實，男女組成一個家，家族連成一個部落，部落集為一個城鎮，城鎮之間合為國家，以國家為單位，鋪設公共設施，建立每一個國民的幸福。

然而，當人與人之間點燃戰火，成為敵人，即使是千年打造的龐大帝國，毀滅只在瞬間。

戰爭拚個你死我活，你炸我一個窟窿，我毒你一片土地，誰也活不好。

人類歷經毀天滅地的第一、二次世界大戰，死傷人數超過上億，八成人口受到波及之後，多數人變聰明了，調整自己的腳步，維持世界的和平。

法國諺語：「聰明人與朋友同行，步調總是齊一。」

有一種好，叫做我比你更好，我能做的事比你更多。

另一種好，叫做我合作的人都比我好，我能做的是讓大家更好。

非洲諺語：「如果你想走快，獨自走，如果你想走遠，結伴走。」

只在意自己的人，無法與人同行，沒有能力的人，無法與人共事，缺乏勇氣與信任的人，無法促成合作。

團體裡，只想濫竽充數、混水摸魚的人，只想多拿一點、少給一點的人，久而久之、人盡皆知，如同有隻不出力的跛腳馬，拖慢大家的速度。

合者兩敗或一賺一虧，則散；合者兩利，則聚。合作講求勢均力敵，如三足之鼎、四腳之椅。

如果，你找到一群走得快的人，你就可以走得又快又遠了。

競爭的定義，不再是與別人對頭，而是跟自己競爭，讓自己變得更強，才能與更強的人合作，成為知己知彼的超級團隊，站上百倍速時代的浪頭。

二十一世紀，是合作共生的世代。

達爾文的進化論，「物競天擇、優勝劣汰」的觀念已經過時了，經過兩個世紀的進化，「利他互惠、抑強扶弱」才是當代主流。

國家之間爭取結盟，創造更大的經濟體與協力網，如：歐洲聯盟、伊斯蘭世界聯盟，產業之間連結互利，借力使力、提升收益，如：出版社與通訊軟體合作，推出電子書城，物種之間友善往來，追求天地和諧的生態平衡。

懂得合作的人，才能在網絡緊密的科技時代生存下來。

競爭是叢林法則，但合作是文明法則。

彼得・阿歷克塞維奇・克魯泡特金（十九～二十世紀的俄羅斯革命家）

大頭目很頭痛。

從前，他想吃魚就去海裡捕，他想吃肉就去山上抓。如今，海不但被柵欄圍起來，出海遠一點還沒捕到魚，先被海巡署給捕了；獵場和森林也被大老闆的土地隔開，就算繞過一座山，到了獵場還沒打到豬，先被警察給逮了，因非法持槍遭移送法辦。

大老闆也很頭痛，投資多年的土地開發不了，就因為大頭目不肯賣地、開路，雙方愈鬧愈窮，直到新來的祕書提出一個妙計，讓大老闆的大女兒去說服大頭目：部落的地不用賣，只要讓個路，樂園就幫部落蓋新房子，在道路兩旁開一條商店街，不但給部落紅利，給族人工作，也能走園區到森林，這樣不是兩全其美嗎？

樂園開幕後，大老闆逢人就誇獎大女兒好，大頭目也暗暗得意自己的大女兒好，能想到充當祕書的鬼點子，何況，部落的地本來就沒有產權，不能買賣啊！

克魯泡特金很心痛。

從小，博學溫柔的母親早逝，他和手足受到父親與繼母軍事化的壓迫，自唸軍校到進軍隊，政府一再露出貪婪的腐敗內裡，強權的槍口總是朝向弱勢的胸口，讓他玻璃心碎了一地，辭去公務員的工作，也拒絕帝國地理學會的職位。

他的人生是一場幻滅之旅，身為俄羅斯貴族，他寧可放棄繼承權，跑去和底層民眾一起爭取人權，不惜多次入獄、流亡海外，也要推廣創造和諧社會的「無政府主義」，當俄羅斯帝國被推翻，七十五歲的他回到久違的聖彼得堡，再一次的幻滅，新聯邦實施的是專權的共產主義，而不是自由的共產主義。

雖然，「無政府主義」太不切實際，但為了紀念他無私利他的情懷，俄國政府將一座城市命名為克魯泡特金，孫中山先生的三民主義，也延續克魯泡特金的《互助論》，人類以互助為原則，國與國之間，以實現世界大同為目標。

如同英國詩人約翰．多恩的詩句所言：「沒有人是一座孤島，每個人都是大陸的一部分」，即使生命熄滅，也會凝成不可或缺的一塊歷史，或者是化石。

偉大的發現和改進總是需要許多人的合作。

亞歷山大・格拉漢姆・貝爾（十九～二十世紀的美國發明家、聾人教師）

星期六下午三點，承瀚和女朋友約在西門町，他們沿途用臉書訊息留言，「捷運到站了，過一分鐘見」。

一百年前的某日，承瀚的曾曾祖父和朋友也是約在西門町，他們早早就寫信約好，真正見到面，歡喜到眼淚快流出來。

曾祖父年輕的時候，為了請郵便局撥出一通電話，三天薪水沒了，那邊的郵便士要騎鐵馬找人，請對方到有電話的地方接聽，講電話跟吵架一樣，要大聲才聽得到。

「古早時陣，不是每家都有室內電話，打長途電話要等接線生找到對方再回撥，後來才隨打隨通，為了家裡裝一支電話，排隊等兩年，出外都要靠公共電話連絡。」

承瀚聽祖父講古，覺得不可思議，他一出生就用無線網路看影片，每個人都用手機通話，不管打去哪一國都可以看到對方，還不花一毛錢呢。

貝爾說自己的一生，「都在讓東西說話」。

他的祖父、父親都是蘇格蘭有名的語音專家，父親出版的《標準發音》再刷兩百版，家學淵源之下，貝爾訓練家裡的狗講話，用英文叫出「媽媽」、「奶奶，你好嗎？」貝爾和哥哥、弟弟一起曾經熱衷發明「說話機器」。

貝爾研究聽力設備，是由於母親逐漸失聰，要用聽筒放大聲音，才能勉強聽到，後來，貝爾的兄弟死於肺結核，全家移民到氣候宜人的加拿大，恢復健康的貝爾前往美國發展，在聾啞學校教書時，認識後天失聰的妻子，教導她閱讀唇語，讓人感覺不到她的聽障。

如同愛迪生，貝爾從小就嶄露發明天分，是電話的改良人和專利權人，他也改良留聲機，發明聽力測量儀、金屬探測儀、水翼船等，而貝爾的岳父是專利權律師與聾啞學校創辦人，貝爾在岳父的撐腰下，成立貝爾電話公司和多所聽障口語學校，海倫凱勒的口語導師也受訓於此。

貝爾一生自稱「聾人的老師」，鼓勵學生開口交談，禁止使用手語，以免聾人與聾人結婚，後代成為聽不見的種族，他用心良苦卻備受抨擊。近百年之後，擋不住人性的需求，手語又成為聾人文化中的一部分。

和比自己強的人合作，而不是戰勝他們。

安德魯・卡內基（十九～二十世紀的美國工業家、慈善家）

「我也想要有個富爸爸。」

一般人只會想想，但有些人就能創造出富爸爸，為自己開路。

兩個出生於一八九〇年代的窮小子，戴爾・卡內基和拿破崙・希爾都有旺盛的企圖心，前者把姓氏拼寫改得跟鋼鐵大王安德魯・卡內基一樣，後者把姓氏拿掉，改成跟法國皇帝拿破崙・波拿巴的姓氏一樣，更厲害的是，一九二八年出版《思考致富》時，聲稱這本書出自鋼鐵大王的託付，介紹五百位人士給他整理出成功的黃金定律，因為往來文件全被火災燒毀，有詐欺前科的希爾才會被質疑，這一切都是編造的。

不過，這兩位窮小子，靠著名人光環與著作出版，翻身為成功學大師與富豪是不爭的事實，目標＋行動的「積極信念」，確實影響全球千萬青年，鼓勵他們打敗「好吃懶做」的自己，自助成為各行各業的成功者。

一八九〇年代，美國把弱勢的原住民趕到保留地，成為世界工業大國。鋼鐵大王卡內基、石油大亨洛克菲勒、金融鉅子摩根的資產相加，比現在世界富豪前十名的總和還多，三大巨頭中，前兩位出身貧窮，只有摩根有個富爸爸。

安德魯・卡內基的王者之姿一向高傲，但他知道洛克菲勒涉足相關產業時，立刻帶著一瓶威士忌去談合作，保證收購他旗下的全部鐵礦，不跟當地其他礦業交易，洛克菲勒也答應包辦運輸，絕不插手鋼鐵業，兩強互利，小鋼鐵廠則紛紛倒閉。

曾為世界首富的卡內基認為「死時富有，是種恥辱」，所以，他將公司賣給摩根，首創「基金會」的慈善機構，大規模的花掉一生賺來的錢，一九一九年過世的他共捐出三點五億美金，資本更粗的洛克菲勒豈能輸人，他活得更久也捐得更多。

一臉白鬍子、長得很像聖誕老公公的卡內基，連撒錢也撒出新境界、新典範，甚至新產業，到了二〇一〇年代，卡內基與洛克菲勒的基金會都還在運作，美國社會的三大支柱是政府、企業和慈善機構，再精明的商人也算不出助人的影響力有多深、多遠。

天才贏得一些比賽，團隊合作與智慧才能贏得冠軍。

麥可・傑佛瑞・喬丹（二十世紀～的美國職業籃球運動員）

「阿西」在寵物咖啡廳上班，牠是一隻店狗。

牠可以配合主人的步伐，往前、暫停，或坐下來等待，在店門口等主人買完東西，在店裡面等主人結束營業。

牠可以配合客人的心情，安靜、玩鬧，或出其不意的露出肚子，任人從頭摸到尾，遠遠的看著客人耍酷，牠也會。

客人常會迸出一句，這隻店狗有天分吔！

其實，家裡還有好幾隻具有明星相的狗、貓，阿西是家裡最醜、最呆的一隻狗，最後才被考慮當店狗。

小甜甜看起來乖巧、伶俐，但牠「不受控制」，一有機會就偷吃，等煩了就汪汪叫；小雪是一隻迷人的白貓，但牠「不守規矩」，跳上跳下，弄破一排杯子之後，與顧店無緣了……。

阿西常和主人「Give me five」，牠實現了每個人的願望，也過上了交友廣闊、吃喝不愁的好日子。

喬登被譽為全世界最偉大的籃球員，當他輸了以後，會想辦法贏回來。

少年喬登的最大挫折就是光會打球，但個子太矮還是進不了校隊。高二時的喬登，瘋狂拉單槓、練球技，全力突破遺傳限制，身高從一八〇竄升一九一公分，不僅入選校隊，一路打進全美高中、大學最佳陣容，長到一九六公分的喬登以關鍵一球，為校隊奪下大學籃球賽總冠軍，靠意志力成長的喬登，以一九八公分的高度率領美國隊，贏得兩次奧運金牌。

喬登向沒選他入隊的教練們證明：嘿！老兄，你犯大錯了！

進入ＮＢＡ職籃第一年，喬登拿下最佳新秀獎，但被排除在最佳陣容的第一隊之外，也受到老球員的抵制，幾乎拿不到球，讓他警覺自己犯大錯了。

他發現光會投籃，不會防守、助攻，會讓自己與球隊陷入困境，他的成長迎來公牛隊首次的三連霸，喬登擦亮自己的金字招牌，不愧為ＮＢＡ最有價值的球員。

喬登是史上最富有的籃球明星，也是成功的代言人與商人，多角經營自己的興趣和事業，他是一個喝水、走路都要贏的人，他的人生經過多次功成身退，退休再復出，離婚再結婚，終於學會「認輸」，也是人生的進步。

沒有合作，沒有什麼新東西真正有趣。

詹姆斯・杜威・華生（二十～二十一世紀的美國分子生物學家）

英國有一棵神奇蘋果樹，上頭有兩百五十種蘋果，這是園藝專家在自家後院，連續二十四年冬天將新品種移到同棵樹上，「嫁接」的結果。

美國有一些藝術水果樹，上頭規劃四十種水果，一年四季色彩繽紛，出身於農場的藝術家，將作品取名為：「嫁接雕塑」。

他們都想在市場機制下，為地球保存多樣品種，而臺灣的水果王國，幾乎每年推出新品種，知名的高接梨、玉荷包荔枝、黑珍珠蓮霧，都是嫁接的結果。

嫁接，是植物之間的通婚，它可以改良品種、縮短結果期，中國人發明的嫁接技術，早在西元前傳到歐洲，人們像上帝一樣，樂此不疲的改變果實大小、花朵顏色，創造前所未見的品種。

滿街的複合式商店、產業結盟，都是嫁接的結果，仇人與仇人之間，最怕兒女戀愛，若共同製造出愛的結晶，要談婚論嫁，親家之間也只能飲恨和解了。

世界第一隻複製狗叫「史奴比」，牠是阿富汗犬的耳朵細胞放進拉布拉多犬的肚子，孕育出的結晶。

一九五三年，DNA（遺傳基因的分子鏈）的雙螺旋結構一解開，科學家一口氣找出人類所有的基因排序，還天馬行空的實驗動物嫁接，連複製人也呼之欲出。

DNA的共同發現者——華生和克里克因此榮獲諾貝爾生理及醫學獎，但他們是根據富蘭克林和威爾金斯的研究成果建構出模型，後兩位搭檔火水不容，才會錯失發表先機。華生和克里克則和樂融融，論文由克里克起稿，華生的妹妹打字，克里克的太太畫插圖。後來，與華生成為研究夥伴的富蘭克林，也會到克里克夫婦家小住、出國旅遊。

華生出版的《基因的分子生物學》、《雙螺旋》等書，是分子生物學的必讀聖經，其中對同行的攻擊引發不少爭議，位高權重的他領導實驗室四十年，因種族歧視等等的不當發言被迫辭職，為了道歉、贖罪，他賣掉自己的諾貝爾獎牌。

為什麼失言後果如此嚴重？因為，知識愈強大，毀滅也愈強大，愛因斯坦的能量守則定律被拿去製造核武器，戰爭證明了，沒有人禁得起戰爭呀！

若不團結，任何力量都是弱小的。

尚・德・拉封丹（十七世紀的法國詩人）

四肢罷工了。

雙手雙腳覺得活得像侍從，成天伺候不勞而獲的肚子。

肚子沒吃沒喝，心臟跟著衰弱，四肢也無力了。

罷工者才驚覺，看似無所事事的肚子，既索取食物也奉獻養分。

肚子被比喻為國王，他擁有權利、財富，也使商人富裕，給農民保障，付士兵軍餉……，必須各司其職，才能使國家運作。

拉封丹寫了十二卷共二四二首的寓言詩，以動物為鏡，映照人類嘴臉。

〈烏鴉、龜、羚羊和老鼠〉這首詩中，四種動物成了好朋友，有天羚羊不見了，烏鴉飛上高空，找到陷阱裡的羚羊，通知老鼠去咬斷網繩，逃跑的羚羊假裝瘸腳，讓獵人為了追羊而放下烏龜，最後兩頭落空、白忙一場。

鏡子裡明白上演著，大鯨魚被團結的小蝦米耍得團團轉的戲碼。

世界三大寓言依創作先後順序是，古希臘的《伊索寓言》、法國的《拉封丹寓言》、俄羅斯的《克雷洛夫寓言》。

拉封丹是巴黎最高法院的律師，看不慣污穢的黑箱內幕，只好回農村老家過日子，接手沒幾年就敗光家產，搬到巴黎以寫詩為生。不畏權勢為朋友出頭的他，在《寓言詩》出版之前幾度窮困潦倒，出版之後才由黑翻紅，生動詩風讓古希臘的《伊索寓言》、古羅馬的《費德魯斯寓言》、古印度的故事集又活了起來，入選為法蘭西學院院士，連寫二十幾年直到離世。

克雷洛夫比拉封丹晚出生一百多年，起初是翻譯拉封丹的作品，後來受到寓言作家兼翻譯家的鼓勵，試著寫寫寓言，一寫寫出了新高度，他創作的寓言緊貼時事，大人小孩都愛看，甚至改寫拉封丹的寓言再譯回法文，比原作更受人喜愛。

中國有句風涼話：「吃不到葡萄說葡萄酸」，很多人以為這葡萄是本土種，其實，它是源於古希臘《伊索寓言》的外來種，〈龜兔賽跑〉、〈北風與太陽〉、〈三兄弟折箭〉等故事，拉封丹寫過，克雷洛夫也寫過，各國文學家各自接地氣，串連成人類的共通記憶。

團隊合作中，並非沉默是金，這是致命的。

馬克・桑布恩（二十世紀～的美國演說家）

老師最喜歡鴉雀無聲的教室，有個笑話是這麼說。

老師：「上課不要講話，小華你剛說什麼，大聲說三遍。」

小華：「老師的拉鍊沒拉、老師的拉鍊沒拉、老師的拉鍊沒拉。」

臉紅的老師轉過身拉拉鍊，全班捧腹大笑。

氣度大的老師笑完沒事了，氣度小的老師會把小華當成眼中釘，時不時敲他兩下頭，別的學生自然學會「看笑話」，假裝沒看見老師「開褲檔」。

一顆小螺絲鬆了，一個人覺得不要緊，兩個人敷衍了事，大家便視而不見了，然後一起坐上死亡飛機。

一道逆止閥髒了，一個人覺得沒關係，兩個人不想多事，大家便習以為常了，然後全國一起食物中毒。

其實，很多意外不是意外，只是沉默釀成的結果。

有位郵差叫弗雷德，他把差事當作志業，細心關懷轄區住戶。住戶當中，新搬來的職業演說家一年有半年不在，弗雷德主動幫忙保管信件，還將寄錯地址的快遞收好，免得竊賊發現有機可乘。

這位職業演說家就是馬克・桑布恩，他是全球五位金麥克風大師之一，也是全國演講者協會主席，並創辦一家技術諮詢企業，幫助客戶解決難題與管理風險。弗雷德的故事激勵了上億人，也激勵了桑布恩自己，「弗雷德」成為超值服務的代名詞，許多公司創立「弗雷德獎」，鼓勵盡忠職守的員工

桑布恩認為，任何人都可以用熱情點亮世界，讓平凡無奇的生活變得卓爾不凡，無需花費一分錢就能為他人創造價值。

也許，你沒有五星級的頭銜，但你可以自命為五星級的螺絲釘，將日常當作揮灑的舞臺，每一天都活成自己的代表作，團隊因為有你而強大。

合作不代表全無衝突，而是藉此管理衝突。

黛柏拉・泰南（二十世紀~的美國語言學教授）

土司？饅頭？白飯？清粥？湯麵？

小惠家有五個人，性格、口味各不同，戰爭從早餐開始。

媽媽：「不要吵了，一天輪一樣，最公平。」

小惠姊：「好啊！至少我吃得到清粥。」

小惠妹：「你們吃你們的，我只要吃饅頭。」

小惠：「一起吃土司最方便，媽媽也不用煮。」

爸爸：「我出去吃湯麵好了。」

四個女人合力攻擊爸爸，你怎麼這樣！每天回家那麼晚，只有早餐時間全家人到齊，爸爸太不合群了……。

爸爸：「好啦、好啦，你們吃什麼，我跟著吃什麼，湯麵可以三天嗎？」

媽媽：「湯麵我煮一天，爸爸煮兩天，我同意。」

小惠和姊妹不同意，說爸爸惡勢力。

媽媽：「一天輪一樣，不然天天吃白飯。」

好！一天輪一樣，全家都同意，小惠和小惠妹負責準備土司和饅頭，她們喜歡天天吃土司和饅頭也沒人反對。

「我是為你好！」

「你只是不明白！」

「我不是那個意思！」

這些被誤解的怒吼，都是黛柏拉・泰南寫的書名，她是喬治城大學語言學系教授，專門研究對話之間的誤解差異，同一句話由不同人接收的意思可以天差地遠，尤其是家人、男女之間，一句平凡無奇的話語，竟挑起暴跳如雷的攻擊。

「我跟你說一個祕密，你不要告訴別人。」

一個祕密無論大小，經過媽媽傳給姊姊，姊姊又傳給堂姊，堂姊再傳給親朋，再傳給陌生人，再傳回當事人耳裡，耳語的聲浪，足以崩解一個人、一個家庭的防護牆與安全感。

我們太在意自己「說了什麼」，其實，更要在意的是對方「聽到什麼」，理解對方的情緒負荷、文化背景，雙方盡力避開地雷，使語言成為快遞直送的暖流。

泰南是專家學者，也像溫柔的鄰家姊姊，鼓勵曾被對話刺傷的心靈，溝通就是希望，我們努力要完成的家庭關係，正是我們生命的中心。

這個星球上最強大的力量是人類合作——建設與破壞的力量。

喬納森・大衛・海特（二十～二十一世紀的美國心理學家）

村子裡，有一個橫行四方的地痞，叫做「大A」。

「人不自私，天誅地滅。」這句話，大A一天要說幾十遍。害怕惹事的村民，個個畏畏縮縮的，隨便大A吃飯不付錢，拿水果、點心不付錢，省得他摔桌、砸店。

這天，大A又在街上晃，一棍子打死跑太慢的大蜘蛛，不小心揮到大黑狗的屁股，大黑狗一轉頭就露出尖牙，撲向大A一陣亂咬，大A被咬得滿頭滿臉、手腳都是血，店家們躲著假裝沒聽見這場惡鬥，「救人ㄛ！」大A淒厲的哀嚎聲，引起小孩們的哭叫，金紙店老闆看不下去，呼喊大家幫忙，自助餐店老闆去開小貨車，幾個小販聯手將大A抬上車，送到急診室。

從小被霸凌的急診室醫生，淡定的跟大A說：「我一直想找機會告訴你，人不自我修為，天地都要誅滅你，可是你，很幸運遇到很多人幫你。」

「我們實在是自私的偽君子……甚至達到自我欺騙的程度。」

喬納森・大衛・海特在《正義之心》書中，揭開人類的雙面性，人類百分之九十是擅長競爭的猩猩，百分之十是互惠利他的蜜蜂，人的心理也可分為兩半，一半是感性不羈的大象，一半是理性控制的騎象人，兩邊經常發生衝突，象與騎象人步伐一致的時光，幸福會從心底漫溢到全部人生。

海特從古代智慧中尋找現代真理，被評為「全球頂級思想家」之一，他將道德心理學用於政治研究與商業領域，相反陣營看同一個人，一邊會崇拜的仰望英雄，另一邊會鄙夷的抨擊罪犯，自古以來，我們內心的新聞祕書會自動辯解一切，人生，本來就是心裡創造出來的產物，你認為什麼，它就是什麼。

人很自私，人也無私，人像蜂群一樣，需要從群體之中感受到超越自我，擁抱圓滿的人生，人們以精細分工的合作，建立如夢似幻的文明，每一個訊號的傳遞，每一支手機裡頭，都匯集了地球村民的愛與智慧。

合作不是眾神的禮物，而是需要努力和實踐的技能。

道格拉斯・B・里維斯（二十～二十一世紀的美國教育評估專家）

多年來，警探查理不管詐騙小李逃到哪一國，都會想辦法追到他。

小李在臺灣成立投資顧問公司吸金，捲款到美國，查理將線民回報的落跑路線，提供給美國調查局，小李被追查到洗錢到新加坡，人跑到墨西哥，仍指使成員在俄羅斯進行電話詐騙，把錢匯到比利時帳戶……。

查理耐心的拼湊線索，連絡各國執法單位，也公開犯罪手法，呼籲民眾不要受騙，又勤於拜訪小李的爺爺、媽媽，地毯式搜索小李交往過的對象，小李被逼得無路可逃，乾脆打電話給查理。

小李：「你找我？談合作？」

查理：「你要嘛回來自首，要嘛接著逃，我不跟罪犯談合作。」

一週後，小李為了重病的爺爺回來，立下大功的查理忍不住紅了眼眶，「臺灣加入國際刑警組織的話，就不用追得那麼苦了。」

成績考壞了。

該檢討誰？是學生、老師的個人努力不夠，還是學校、政府的組織運作不良？

道格拉斯・B・里維斯博士從小學生教到博士生，也指導學校系統如何變革，來提高學生成績、達到教育公平，他是績效評估中心的創始人，也是三十多本教育書籍的作者、四個孩子的爸爸，為孩子與家長寫作的里維斯，獲得不少獎項肯定，包括布羅克國際桂冠，它是世界上最重要的教育獎項之一。

里維斯在《將專業發展轉化為學生成績》的書裡提到：「每個月有數百位教育工作者和領導者向我發問，最常見的問題是『在實施必要變革之前，如何從員工那裡得到更好的支持？』答案是『沒有』。」

沒有人喜歡變革，除非逼不得已，「組織變革」的意思是：領導者要拖著一群不想動的人往前走，畢竟，大刀闊斧的制度改革，比起杯水車薪的個人努力，來得有效多多。

為了明天變更好，齊心協力的動起來吧！

9 誠信

誠信，不只是對自己誠實，對別人守信，你我他的幸福圓滿，才是誠信的真正價值。

前言

誠信是一種心領神會的相知默契，你相信別人，也相信自己。

你住在一個日有期、潮有信的世界，天地萬物依循自然規律，生生不息的連動運轉，你相信這個世界，這個世界也相信你。

直到某人在某日為了貪利圖便，如暴風來襲般的毀約失聯，捲走你一身家產，你的世界崩裂了，你不再相信別人，也不再相信自己。

可是，只要你堅持相信別人、相信自己，你依然住在一個日有期、潮有信的世界，而背信棄義的他，自會放逐到億萬光年之外的外太空，活在翻覆不定的變幻之中，世界不再相信他，他也不再相信自己。

謊言，是魔鬼的高利貸，宛如一疊支票在手，揮霍起來特別痛快，從此債務纏身、永無寧日，除非與魔鬼一刀兩斷，宣告破產，重建信用。

誠信，是良心的血汗錢，有如養隻小豬在家，積攢起來特別不易，要有勇氣拒絕負擔不起的承諾，要有紀律抵抗眼前誘人的利益，才能保住資產，避免與魔鬼交易。

一個老是誇大其辭的人，終會失去朋友的信任。

一個老是光說不練的人，終會失去家人的支持。

一個總是言而有信的人，即使兩手空空，仍可憑著信用無中生有，闖出一番名堂。

一個總是言行一致的人，遇到情況危急，仍要立意良善的機智應變，殺出一條生路。

人，沒有不說謊的，人，沒有都守信的，出發點的善、惡，方法的優、劣，才能決定結果的對、錯。

一個高舉誠信大旗的人，犧牲自己、拖累眾人，所做所為禍國殃民，走火入魔的墜入不幸，這人不是傻的就是瘋了，得阻止他才行。

誠信，不只是對自己誠實，對別人守信，你我他的幸福圓滿，才是誠信的真正價值。

你問，如何建立誠信？

先戒掉口不對心的小謊，做得到嗎？

誠信是一個生態系統。

邁克爾・萊尼格（二十～世紀的澳大利亞漫畫家）

小萱和高中同學第一次出國自助旅行，發現歐洲根本是人間天堂。她倆買一張票，就能擠過巴黎地鐵的閘門，義大利、比利時連票閘都沒有，不花錢就能到處玩，沒想到，在英國國鐵遇見查票員，車票一張不到三英磅，一張罰單要價六百英磅，兩人倒吸一口氣，折合新臺幣得各繳兩萬多塊。

小萱向查票員求情：「Sorry,I don't know.」查票員請路人翻譯：「你們逃票很多次，才被抓一次，繳繳罰金而已，昨天有位留學生沒有誠實結帳，從超市被抓到警察局，一英磅也是竊盜罪，他現在要面臨判刑，還有退學、遣返。」

原來在歐洲，逃票跟跳票一樣，會留下信用的不良紀錄，影響信用卡、貸款的申請，甚至找不到工作……，難怪大家都乖乖買票。

以為是貪小便宜，其實是虧大了，小萱的歐洲留學夢，從此破滅。

邁克爾・萊尼格是澳大利亞人票選出來的「國寶」，一種最古老的植物化石以萊尼格為名，畢業於電影電視學校的他，做過紀錄片，也畫過卡通，同時是哲學家、作家、畫家和詩人，與音樂家合作的詩歌專輯，在雪梨歌劇院等地演出，但他定位自己是漫畫家。

他的作品經常出現在墨爾本《時代》和雪梨《先驅晨報》，反覆出現脆弱的人性生態系統、人與自然世界的關係等主題，他畫了很多諷刺美國的政治漫畫，來表明自己的立場。他反對入侵伊拉克、抗議以色列政府的政策，也被貼上許多反對標籤，反美、反女人、反足球一大堆，即便紛爭不斷，他堅持「藝術家絕不能畏縮與社會或國家的對抗。」

萊尼格的腦中充滿瘋狂的想像力，有時會做出不成熟的舉動，源自於他心中的理想世界：「每一天都是新的一天，每個人都相愛……。」它們和誠信一樣，很簡單也很困難。

誠信是堅持一個想法的能力。

艾茵・蘭德（二十世紀的俄裔美國小說家）

黃昏市場外，刺眼的餘暉騷動著排隊的人潮。

等候水煎包的人有學生、上班族、老人家、帶著幼兒的爸媽，你一言我一句的催著：老闆，快一點！

「我這蓋子悶下去，一定要十五分鐘才能打開，差一分鐘都不行，堅持才有好品質，趕時間的朋友，歡迎您們改天再來，可以等一會的朋友，下一鍋三分鐘後出爐咯。」老闆說完，一個人也沒走，安安靜靜的等掀鍋。

隔壁的鞋店，只有兩個客人，卻吵得不可開交。

客人微怒：「老闆，你不是說六點就可以拿皮鞋，怎麼不守信用？」

鞋店老闆火上澆油的解釋：「這位小姐說趕著看電影，你等等，再幾分鐘就修你的鞋。」

客人氣得不修了：「我也趕著看電影！」

鞋店老闆一著急，把小姐高跟鞋敲歪了，大嘆：「唉！反正都會被催，不如顧好自己的品質，還能留住客人。」

《阿特拉斯聳聳肩》是艾茵・蘭德寫的小說，她突發奇想，若有一天老闆和員工全罷工，世界會變得如何？就像扛著地球的天神阿特拉斯，聳聳肩擺脫重擔……。

蘭德的小說又長又難讀，各界惡評如潮，但劇情之懸、知識之廣，令人目瞪口呆卻愛不釋手，主角的一場演講長達七十幾頁，出版商要求刪短，蘭德犀利的看著對方：「你會刪《聖經》嗎？」蘭德成功的說服出版商，她所寫的四本小說銷量超過兩千萬本，全球僅次於《聖經》。

出生於俄羅斯猶太家庭的蘭德，父親的藥房曾被共產政權充公，到好萊塢發展編劇事業以後，嫁給美國演員，比美國人還熱愛自由開放的資本主義，在人人充當好人的社會，她大膽推崇「自私的美德」。啐！什麼利他主義，不過以行善之名壓迫他人，每個人都應該忠於自己，活出自己的價值觀。

蘭德的小說多次被拍成電影，其獨特見解，不但影響了哲學史、文學史，也融為大眾文化的一環，不過，她在小說的再版導言中，坦誠很少人能像她始終如一的實現理想。多數人，都背叛了自己的靈魂。

用誠信來實現你的激情。

安納瑞·拉瑪魯（二十世紀～的南非記者）

Y是一個在倫敦長大的黑人女歌手，從小到美國和其他國家表演，做流行音樂，但總感到哪裡不對，她不想欺騙自己，離開了音樂。

K是一個南非長大的黑人說唱男歌手，他遇見了開普敦大學學電影製作的Y，邀她一起：「我們應該製作南非音樂，而不是用美國音樂欺騙人們。」

一拍即合的Y和K，做了一首歌Selula，並拍攝MV上傳網路，他們在影片中飾演一對熱心的情侶，幫助一個手機成癮的男人重建生活，用香噴噴的美食聚會取代冷冰冰的小手機。

Y製作一部十五分鐘的短片「Little America」，記錄推動南非音樂的過程，在電影競賽中脫穎而出，Y和K的二重唱組合，也在網路傳播下，事業蒸蒸日上。

南非人習慣穿牛仔褲、吃漢堡包，一打開收音機、電視滿滿是美國音樂，連帶美式風格的時裝設計、造型化妝……，Y和K打前鋒，創作一首首「真實」的南非音樂，對抗美國觀點的疲勞轟炸。

安納瑞・拉瑪魯學的是媒體研究與新聞學，本來他對自己完全沒有信心，直到發現Hip Hop，生活中的一切變得有意義。

「當你在激情中做自己喜歡的事情時，真實的生活就開始了。」拉瑪魯現在是Hip Hop的專欄作家，也是說唱歌手、演說詩人和舞蹈家，一本青少年時尚雜誌的創辦人兼主編，展覽策劃人兼影片製作人，簡單來說他是個多功能的文化人，他遵循內心的想法，享受自己的世界。

他在專欄中思索：「音樂必須反映當下的空間與時間，這種『氣候變化』……有人接受這個改變嗎？在面對正確的變革之前，改變永遠不會是好的。」

關心各種議題的拉瑪魯，一天會發文數次，好奇南非文化的人，可以搜尋「Unarine Ramaru」追隨他的推特動態，從中激發自己的熱情。

任何花費你誠信的東西都太貴了。

杰弗里・弗萊（二十世紀～的美國企業家）

紙果然包不住火。

房東來修馬桶的時候，剛好只有阿茂在，發現自己每個月多付一千元租金。

當初，甲跟乙說：「找一個同學來分攤房租，一人一個房間剛好。」

乙自認很有生意頭腦，背著甲找來阿茂，多收一千元租金，一萬五的月租，自己付四千，阿茂繳六千，甲照給五千。

受騙的甲和阿茂，下學期搬到樓下公寓，打算再找個人來合租。

乙樂得找兩個能多付一千元的房客，但風聲已經傳開了，沒人要跟乙合租，等於乙要獨自負擔一萬五的房租。

阿茂問乙：「不然，我幫你跟房東退掉那間公寓，拜託甲讓你合租，你付六千元租金，願意嗎？」

乙衝口而出：「搶錢啊你！」

阿茂分析道：「我讓你每個月少九千塊租金，同時彌補我之前付出的損失，你也和甲化解心結，這是互惠。」

乙收收脾氣，搬到樓下跟甲和阿茂合租。

大學畢業後，杰弗里・弗萊去應徵電器工程師，但他的溝通技巧絕佳，面試官鼓勵他成為銷售員。

弗萊總說，我把錢放在嘴邊，意思是他靠嘴賺錢的？才不是呢？他是靠嘴巴把腦袋說出來，把工程專業和社團經驗全部派上用場，他也承認：「銷售比工程更難。」

後來，弗萊成為企業家，也成為企業家的顧問，幫別人和自己賺錢。

弗萊的媽媽患有癡呆症，在尋找護理人員的過程，他發現一塊新的市場，「我的目標是降低家庭護理的成本，並增加護理人員的工資。」所以，他建立了護理配對的線上平臺，讓大家免費加入，他賺廠商的廣告費。

弗萊自稱為「利潤先知」，他把創業當成衝浪，享受一次次衝上高峰的樂趣，他不預先收費，顧問費跟香油錢一樣隨喜，不過，賺錢的客戶都願意付出更多的錢，來創造更多合作機會。

「誠信不是一切，但它是唯一重要的事情。」

弗萊的推特上有各式各樣的格言，愛因斯坦、托爾斯泰等先知不但啟發他的智慧，更讓他站在巨人的肩膀上，成為巨人中的一分子。

你想學會人際溝通的技巧嗎？先對朋友忠誠吧！

誠信將是你擁有的最重要配件，永遠不會過時、變老或褪色。

亞莉克絲・瓊斯（二十世紀～的美國活動家）

安妮與淑芬是高中同班同學，兩人只差一個學號，常被編成一組。
安妮提著球籃左邊：「妳喜歡的那個男生，有話跟妳說。」
淑芬提著球籃右邊：「我不喜歡妳男朋友，妳不要亂講話。」
安妮笑：「沒人告訴妳，他是我哥嗎？」
淑芬臉色乍白：「沒有。」
安妮：「我哥叫我告訴妳，他不喜歡模仿犯，叫妳不要再學我的造型，搞得像雙胞胎一樣。」
淑芬臉色乍紅：「哪有。」
安妮：「我哥之前都叫我學學妳，功課好、運動好、氣質又好，哪像我不學好，只會打扮。」
所以咧？

安妮微笑：「妳只要把『自己』展示出來，就很迷人了。」

淑芬也微笑：「好吧，我們都誠實一點，『妳哥』沒有告訴妳，我和他在暑假交往過？」

亞莉克絲・瓊斯和四個哥哥，一起在美國的德克薩斯州長大，她是個體育迷，喜歡玩排球、足球、橄欖球，挑戰鐵人三項，她在南加州大學時，曾主持大學電視節目、在體育電視臺實習，還為大學橄欖球賽事創建報導網站，並發起「I AM THAT GIRL」的活動，因此出版同名書籍，展開幾百場演講。

瓊斯將她所學到的一切與三十個女孩的故事，編成一本女孩指南，「我是那個女孩：如何說出妳的真相，發現妳的目的，並成為那個女孩。」她激勵女孩們，如果妳每天都知道自己是誰，並且努力做到最好，那麼，妳已經是最佳版本。

參加《我要活下去》節目一路過關的瓊斯，看起來活力充沛、無所畏懼，其實，她鼓起勇氣承認，自己跟別的女孩一樣缺乏安全感。「保護女孩」，一個無形的想法經由瓊斯的「運動」，全球發展出三百所分會，超過一百萬線上粉絲，她的願景是：讓男人參與對話，讓女人的真實性格可以被接受。

瓊斯邀請女孩們活出自我，「誠信，會是妳有史以來最偉大的投資，也是妳一輩子追求的高尚鬥爭。」

愈複雜的東西，愈要講究誠信。

馬雲（二十世紀～的中國企業家、慈善家）

省錢妹和貴婦姊都是信用卡的重度使用者，而且有借有還。

省錢妹一上大學就辦了信用卡，「一卡在手、妙用無窮」，比求爺爺、告奶奶管用，補一下學費不足的小洞，填一點這個那個的缺口，等領到打工錢再還上，後來發現錢滾錢比打工賺得快，精打細算的省錢妹只還每期最低金額，把該繳清的錢拿去投資基金，一來一往，高於利息的獲利都成了收入。

貴婦姊不缺錢，滿滿一手的信用卡，用來聰明消費享更多優惠，機場貴賓室吃喝免費，出國自動升等商務艙，不管是電視購物、網路購物、現場消費統統刷卡，免費分期活動一律不放過，紅利回饋換到的家電都能開一家小店了。

工作幾年後，貴婦姊揪省錢妹買房子，兩人有信心拿到八、九成的貸款額度，沒想到，銀行說不行，只繳最低金額和分期付款的人，還款能力有問題吶。

省錢妹和貴婦姊大嘆失算，「原來，養信用像養小雞，不能太投機，這下子，貪小便宜虧大了。」

十九歲的馬雲，功課不好、打架退學，大學考了兩次沒上，在杭州街上騎著三輪車幫雜誌社送書，十足的「魯蛇」模樣，二十歲之後的馬雲，拋開別人的極力反對，向前一路直行，不但僥倖的考上大學，還成為英語系前五名的好學生，不僅當選學生會主席，還連做兩屆杭州市學聯主席，畢業後成為優良教師。

第一次創業開翻譯社，成功賺錢，第二次創業設立的電腦公司，是中國第一家互聯網商業公司，之後的無數創業，掀起整個時代的巨浪，阿里巴巴集團的電子商務刷新傳統商業模式，顛覆億萬人口的生活方式，讓弱勢族群也能「淘寶」致富，和他一起成為人生勝利組。

身為世界富豪的馬雲，從未忘記原點，「我們最驕傲的，不是阿里巴巴賣出了多少商品，而是建設了一個誠信的體系，用商業的方法向所有人證明了誠信值多少錢。」他也預言，未來的商業趨勢中，「信任將是最大的未開發財富。」

想像一下，買車、買床，網路下單送貨到府多方便，再想像一下，信用破產的人連在家購物都不行，更不要說出門之後寸步難行了。

失敗者常常言而無信，成功者總是言出必行。

丹尼斯・魏特利（二十世紀~的美國勵志演說家）

霍爾上校是美國空軍飛行員，越戰期間，他從沖繩的嘉德納空軍基地起飛，到河內進行偵察拍照時，遭到地面火力擊中，跳傘落地後，立刻成為北越共軍的戰俘，一關七年多，多數的囚犯都死了。

遭受酷刑、疾病、飢餓的霍爾上校，五年半的歲月中，單獨禁閉在兩個榻榻米大的牢房，他會趁機展開腦中的高爾夫球場，拿出偷藏的一根棍子，每天至少打上九洞，沿路跟朋友聊天。

即使眼睛壞了、牙齒爛了，霍爾上校仍遵守一名軍人對自己的承諾，獨自在黑暗中彩排，想像自己回歸日常，扛回當丈夫、父親的責任。

釋放一週後，瘦到剩一半體重的霍爾上校，出席新紐奧良公開賽，他的長子是高爾夫球的職業球員，他身體力行的揮出七十六桿，只比標準桿多四桿，這是上校表現最好的一場比賽。

霍爾上校做到了，無論環境再艱難，都能在內心贏得勝利。

丹尼斯・魏特利是美國海軍飛行員，曾參與韓戰，他也是心理學博士，專門研究戰俘心理，為什麼有些人屈服於環境的壓力，有些人卻能逃脫命運的鎖鍊，走向自己的光明大道？

韓戰時期，北韓的碧潼戰俘營關押十幾國的戰俘，嚴寒的氣候與極少的食糧，讓美軍戰俘心理崩潰，「絕望症」大漫延，一個冬天死了一千多人，其他國家的戰俘死得很少，美軍戰俘的死亡率超過四成。

擔任美國戰俘康復協調員的魏特利，從戰俘身上學會一件事：無論身在何處，我們生活在想像之中，一切決定於腦袋。他將激勵奧運選手、太空人等人的獲勝經驗當作偉大的種子，歸納出一套「獲勝心理學」，竟讓他成為最暢銷的音頻作家，銷售額高達一億美金，之後持續出版勵志書，入選國際演講者名人堂。

你想成為失敗者，還是成功者呢？

「你的態度決定你的高度」，這句擲地有聲的經典名言，也是出自魏特利的肺腑之言。

避免自我欺騙是一種誠信，而非安慰的問題。

奧林·伍德沃德（二十世紀～的美國作家）

宜蓁喜歡看偶像劇，想像自己長得像女主角一樣美，性格比女主角更堅毅，吸引到像男主角一樣帥氣、暖心的男朋友。

宜蓁喜歡上交友網站，想像自己成為浪漫愛情喜劇的女主角，不過，看著自己的照片，跟女主角實在差一大截，趁著年假過後的一股衝勁，下了班，宜蓁跑到健身房報名減重課程，填寫一堆表格和運動計畫，刷了十二個月的分期付款，再到藥妝店抱回燃脂霜、輕食套餐、速燃營養食品，打算一口氣瘦它個二十公斤。

不過，眼見二十九歲快過了，宜蓁滑開手機的美圖軟體，瘦身、瘦美一鍵搞定，立馬上傳美照到交友網站，果然收到好幾位男士的邀約。

宜蓁本以為這是喜事的前奏，沒想到卻是悲劇的開始，客氣點的男士說她有圖沒真相，不適合再見面，沒修養的男士直接說她是詐騙集團，並向媒體揭發她的真面目。

宜蓁只好咬牙瘦下來，才不會被路人認出來。

奧林・伍德沃德是暢銷排行榜的明星作家，也是位企業領導者，一直以來像男主角備受矚目，他相信，只有通過痛苦的過程、持續的努力和建設性的回饋，才能嶄露頭角。

他大學時代是個摔角選手，曾是全國紀錄保持者，在通用汽車擔任工程師不到三年的時間，獲得四項專利技術和國家技術基準獎，但他發現，無論他多努力工作，五年內都無法得到晉升，無法讓妻子在家安心待產。

伍德沃德感覺自己像隻困在迷宮的老鼠，他一定要了解真相、打破困境，於是，他創業成為企業家，逃離被債務奴役的「金融矩陣」，並將結論出版成冊，被列為世界最具影響力的兩百位作家之一。

伍德沃德在新事業如日中天時，為了修正商業模式中的不公正，付出千萬美金的代價，他認為自己是為消費者創造價值的企業創造者，因此，寧可遵從原則而損失利益。

被視為成功者的伍德沃德，至今仍然不斷的面對新的問題與挑戰，他建議還未踏上顛峰的朋友：「為了過上你一直想要的生活，你必須面對你一直迴避的問題。」

一味的自我安慰，如同騙子的自欺欺人，只會製造新的麻煩，根本解決不了任何問題。

有了誠信，你將會做正確的事，所以你不會有內疚。

吉格．金克拉（二十～二十一世紀的美國銷售專家）

蘇珊大嬸像往常一樣站在店門口，招呼客人。

她的服飾店，已經從擠不了幾個人，擴大到幾十人能散步的空間。

她懂得幫客人搭配最適合的服飾，農夫變紳士，大媽變淑女，美麗又舒服。

內衣櫃是為幾位老穿錯尺寸的客人設的，男衣櫃是為幾位熟客的老公設的，然後是鞋櫃、襪櫃、圍巾櫃……，規模愈來愈大。

一位女大學生經過，看中櫥窗裡的低胸洋裝，要求試穿。

蘇珊大嬸不肯，「我不想看妳出洋相。」

女大學生也不要別件，氣呼呼的走了。

一嘴甜言謊話，胡說客人穿什麼都美的事，蘇珊大嬸做不來，她不怕當面說出實話，她怕客人後悔的怨恨。

蘇珊大嬸微笑看著街上，她改造過的男女老少，川流不息的織成一幅小鎮美景。

吉格・金克拉的第一份銷售工作是推銷烹飪用具，儘管，初期他賣掉的東西只有他的傢俱與車子，無論生活多麼糟糕，他總是保持笑容。

當他領悟到：「如果，你能幫助其他人獲得他們想要的東西，你將可以擁有你想要的一切。」打那天起，陽光照進他的職場生涯。

金克拉知道，最重要的說服工具就是誠信。對客戶誠實，只是誠信的部分表現，對自己誠實，每天、每週都保持一致性的實踐目標，這才是決勝關鍵。

金吉拉年輕時最大的夢想，是成為一個專業演講者。在不成氣候之前，他會準備好一篇腹稿，穿上合宜的衣服，拜訪他的潛在客戶，十幾年來，他從推銷員做到銷售主管，賣過許多產品，但他認為他賣得最好產品是：他的能量與樂觀。

當金克拉做足功課，走上演講臺之後，不但培訓銷售員，也提升銷售員的地位，並且一圓自己的夢想，成立自己的公司，全心發展演講事業。

金克拉激勵人心的熱情一發不可收拾，四十多年的演講生涯，全球數百萬銷量的暢銷書，他被授予影響力大師獎，並列入美國演講者名人堂。

金克拉的演講總是告訴人們：「一個人可以做任何事情，只要你去做，我會在頂層看見你。」

人類命運取於個人誠信。

巴克敏斯特・富勒（十九～二十世紀的美國建築師）

市長一上任，立即兌現競選支票。

「我們是崇尚自由的城市，以後每年會有一天的自由日。」

自由日，只要不犯法，無拘無束做什麼都行。

自由日設在星期一，學生進了教室，發現老師沒來；工人到了工廠，發現大門沒開……。鴿子成群的盤旋空中，人們成堆的堵在路上，被放鴿子的人，什麼事也沒辦成。

大部分的市民希望取消自由日，但少部分的市民希望保留自由日，哪怕是半天也好，窩在家裡哪裡也不去，就不用怕商店沒開，可是，一打開電視卻看不到主播，網路斷線、馬桶塞住也找不到人來修。

市長搔搔頭，沒想到我遵守約定的結果，造成那麼大的損失，還是取消自由日好了。

驚魂未定的市民表示，亂七八糟的自由日，簡直是世界末日！

三十二歲那年，人生跌到湖底的巴克敏斯特・富勒，頓悟到他沒有權利消滅自己，因為他屬於宇宙。

從此，富勒改變了。穿著上，他成為不顯眼的人；行動上，他要改變世界並造福全人類，他發明非傳統的圓頂房屋、流線型汽車、地圖和世界遊戲；觀念上，他創造出許多新名詞，例如：生命（Livingry），希望人類將重心轉移到支持生命的養分，而不是毀滅生命的武器。

富勒只想以更少的資源做更多的事，解決世界問題，他不認為自己是建築師、發明家，但他確實是個詩人、哲學家，出版過三十幾本各領域的書，長年擔任高智商團體的領袖，直到離世。

富勒在生命的最後幾個月，到四個城市發起「誠信日」的講座活動，總結他對人類發展的獨特觀點，「人類在地球上是否繼續繁榮，完全取決於人類的誠信，而不是政治和經濟體系」。

對富勒來說，戰爭過時了，自私是不必要的，沒有誠信，人類終將滅亡，對你我來說，又何嘗不是呢？

誠信，是生態的一環，而你我，更是誠信生態中不可或缺的一環。

10 勤奮

勤奮源於熱愛，來自對人、事、物的熱愛。
有愛就有動力，有決心便不怕阻力。

前言

勤是努力，奮是振作，內含決心與勇氣。

勤奮的人是高能量生物，像裝了電動馬達的自行車，不畏曲折、一路奔馳；老是興趣缺缺、提不起勁的人，就像缺少一組趨動程式。

勤奮的英文Diligence，來自拉丁文Diligo，意思是選擇所愛、愛所選擇，從啟動內在的趨動程式，到建構外在的現實條件，有愛就有動力，有決心便不怕阻力。

勤奮源於熱愛。不厭其煩的父母、教師……來自對人的熱愛；廢寢忘食的飛行員、科學家……出於對事的熱愛；孜孜不倦的花藝家、造船師……根於對物的熱愛。

三分鐘熱度，玩玩就收手，是嘗鮮；十分的堅持，時時多練習，是勤奮。

表面上演著，混身不用力，是假裝；專注的投入，透徹的理解，是勤奮。

抄捷徑、走歪路，不教勤奮，勤奮是辛辛苦苦的耕種，實實在在的結果。

學業、事業、家庭，甚至美貌，沒有一件事不需要勤奮。

沒有一個民族不把勤奮視為美德，沒有一個國家的人喜歡懶漢。

法國人說：「懶惰等於把一個人活埋。」

英國人說：「懶漢的頭腦是魔鬼的工廠。」

歐洲人說：「懶惰是死海，會吞沒一切道德。」

貧窮、髒亂、藉口、犯罪、災禍、意志薄弱，和懶惰一個群組。

財富、整潔、效率、成功、好運、堅持到底，和勤奮一個群組。

你希望自己屬於哪個群組呢？

懶惰的人與懶惰的人一個群組。不夠勤奮的你，必須找一個勤奮的朋友，加入他的群組。

勤奮的人與勤奮的人一個群組。當你跟不上勤奮的朋友，你要加倍的努力，因為不這麼做的話，很快就會被踢出群組，回到原本的懶人圈；當你很想抱怨幹嘛這麼累，要加倍的忍耐，才能改掉藉口落跑的惡習，進入循環順暢的正軌。

叮咚、叮咚，上門找你的都是正能量。

當勤奮的榮光照耀頭頂，成為印記，即使偶爾會想念懶漢的洞穴，但你再也回不去啦！

勤勞的螞蟻比懶牛有用。

馬透那・蚩里懷友（二十世紀～的非裔加拿大作家）

全世界有很多神奇的角落，靠著密集的人力串連，拉出一條條金黃閃閃的生產線，如：印度孟買的便當快遞、瑞士山線的鐘錶村，紐西蘭的毛利人工藝。

二〇〇九年金融海嘯來襲，臺灣南部一個隱身街巷的螺絲聚落，差點慘遭滅頂，訂單紛紛被中國低價搶走，這群螞蟻雄兵決定抱成一團、死裡求生，結集二十公里內的七百多家工廠，合力提升服務與技術，讓客戶一個訂單就能買齊各種螺絲，包含客製化的特殊尺寸。

「別的國家要花十天半個月才能完成的工作，臺灣人居然一個小時就搞定。」日本最大的建材五金貿易商一次跨海下單，對聚落的作業速度嘖嘖稱奇。

這個位於岡山一帶的螺絲聚落，成功轉型為高價接單，產量屢創新高，如今是全球扣件廠商必來的交流重鎮。

十九歲那年，成績優異的馬透那・蚩里懷友（祖魯語）拿著父親給的機票，從辛巴威飛往加拿大，逃離政治動亂，從此步上無家可歸的未知旅程，他堅持不懈的書寫，克服抑鬱的漩渦，成為許多國際知名雜誌的撰稿人，也成為許多書籍的作者，《勝利的藝術》、《每個聰明母親教她兒子的五十課》等等。

「世界上最偉大的老師是痛苦，世界上最偉大的大學就是生活。」

蚩里懷友想念家鄉的祖父，總在他失意時，教導他祖先的智慧，他以非洲的傳統自豪，因此，他成立公司發行雜誌、書籍，將非洲的智慧傳給全世界，而利潤捐回家鄉，幫助非洲，也幫助自己回家。

曾是非洲識字率最高的辛巴威，如今是失業率最高、預期壽命最低的國家，四個孩子裡有一個是孤兒，一百兆只能買兩根香蕉的辛幣停用了。面對被英美各國蹂躪的家鄉，蚩里懷友不禁想問：「沒有奴隸制，非洲會是什麼樣子？」他相信，非洲會更強大、更富裕、更健康，情感上更完整，與世界的關係更友好，非洲母親永遠不會讓她的任何一個孩子離開。

蚩里懷友想告訴全世界：「放棄自己的夢想就是放棄生活本身。」

想要做到輕鬆，必先學會勤奮。

塞繆爾・詹森（十八世紀的英國文學家）

沒有道路的十九世紀初，從臺灣頭走到臺灣尾、基隆到屏東，綁長辮的羅漢腳走了不只三十天。地面土石崎嶇、大雨難行，山區蟲獸撲咬、落石難料，上百條的大溪小河需涉水、行舟或過橋，竹桿橋面脆弱搖晃，還要請媽祖保佑，不要山洪爆發，一條小命才能抵達恆春。

更別說從唐山過臺灣，一道黑水溝的暗藏兇險。一六二一年是明朝天啟元年，第一批大規模的移民在顏思齊的帶領下，落腳雲林駐寨開墾，為了串起各地墾荒的村莊與番社，數十年後的清朝官道形成蜿蜒的樣貌。

十九世紀後期，清朝官員沈葆楨招番闢路，一年多就開了北、中、南三條山路約三五〇公里。到了世紀末，日軍邊打仗、邊造路，從高雄打到基隆的「陸軍路」，西線共四二五公里，接收北路鑿出的蘇花公路，東線有一一九・九公里。日本投降後，中華民國在美國援助下舖瀝青道路、蓋麥帥公路，南北交通拚出了經濟奇蹟。

二十一世紀初，從臺灣頭坐到臺灣尾不用半天，條條道路任君挑選，路上隨便一輛車都比千里馬跑得快，今人的輕鬆都要感恩先民的勤奮。

塞繆爾・詹森註定成為作家，因為他沒有別的路可以走。

從小展現神童稟賦的詹森，三歲能背整本書，四歲上小學，九歲跳級高中，卻因父親財務困窘，無法讀完牛津大學最後一年，正式的公職、教職便與他絕緣了。

現實世界中的詹森，是一個令人尷尬的存在。他體型高大、個性急躁，是面容醜陋的妥瑞症和憂鬱症患者，一耳聽不見、一眼看不見，還娶了好友的遺孀，大自己二十一歲；然而，創作世界中的詹森，是一個不容忽視的標竿，他才華洋溢、妙筆生花，熟悉拉丁語、法語等語言，詩、小說、雜誌、翻譯樣樣能寫。

一七四六年，英文還沒有一本像樣的字典，可解決單字拼法與定義種種問題，詹森收下書商們集資的巨額稿費，約新臺幣三百萬元，發下豪語要在三年內完成，靠著天生的絕頂聰明、後天的博學強記，他以一人之力不畏貧苦，拖至九年才出版，卻大勝法國文學院的四位院士耗費四十年時間編成的《法國字典》。

精彩絕倫的《詹森詞典》問世後，都柏林、牛津大學頒發榮譽博士學位給他，國王每年授予約新臺幣六十萬的養老金給他，夢想的一切飛撲而來，詹森終於過上了吃穿不愁的安穩日子，「英國詩人的生活」繼續深耕傳記文學，也奠定自己在英國文學的不朽地位。

勤奮如火酒，能燃起智慧的火焰。

土耳其諺語

小販在路邊，不停的開淡菜、擠檸檬，客人只要一口、一口接著吃，錢就一顆、一顆的賺進來，這道外表烏黑卻風味迷人的小吃叫「淡菜釀飯」，它連結出一道從海底到嘴裡的產業鏈。

清晨，漁夫開船出海，抛漁網捕撈或潛到海底，徒手剝下岩石上的淡菜；到了夜涼時分，藏在巷弄的家庭工廠，開始清洗淡菜、切料、燉飯，把燉飯包進淡菜裡，再合起來蒸煮。熟手每小時可包五百顆，三千顆以上的收入才足以養家，加上前後作業時間，天一亮送貨到餐廳、小販手上，至少得折騰十小時。

三面環海、橫跨歐亞的土耳其人，很懂得利用地理優勢和溫帶氣候，發展傲視全球的各種產業，無花果、榛果、櫻桃等產量世界第一，家電產品在歐洲的市佔率高達一半以上，服裝的出口值比整個歐盟還多，觸角之廣、令人咋舌。

臺灣街頭早已遍佈土耳其沙威瑪、冰淇淋，連超市架上，也擺滿產量僅次於義大利的土耳其製義大利麵……。

土耳其是Turkey，美國火雞是turkey，本是風馬牛不相及的兩回事，但歐洲人硬把美國火雞當作土耳其進口的非洲珠雞，就這麼將錯就錯的叫下來了，如同周星馳電影裡的「火雞」，即使後來變成美女，也無法斷開暴牙的醜女形象。

土耳其人認為自己是歐洲人，濃眉毛、高鼻子的深輪廓，卻滿口亞洲腔，說著來自祖先突厥（Turk）的突厥語。土耳其進不了歐盟，卻享有免關稅的優惠，讓許多亞洲企業，將土耳其視為前進歐洲的跳板。

從諺語看土耳其，「通紅的果子招石頭」，果乾出口世界第一，人紅必定是非多；「愛吃甜的也愛說甜言蜜語」，土耳其男人的熱情，常令旅客招架不住。

從經濟看土耳其，「閒散如酸醋，會軟化精神的鈣質；勤奮如火酒，能燃燒起智慧的火焰」，火酒指的是可被點燃的酒精，多次面臨貨幣崩盤的土耳其人，相信危機就是轉機，頑強的透過各種作為來度過風暴。

勤奮能使你敏銳的認清機會。

大衛・P・英格森（二十世紀～的美國飛行員與傳教士）

天上飛的、地上停的民航機，全世界有二十三萬架，使用臺灣製造的導航及通訊系統竟高達二十多萬架，誰想得到？

Garmin的總部在美國堪薩斯洲，工廠在臺灣新北市，創辦人一個是美國人、一個是臺灣人，公司名稱來自兩人的組合，兩人合作無間，從航空、航海轉進車用導航，又拿下市佔率第一的佳績。

晴空不會天天有，手邊一定要備傘。當手機免費地圖打垮車用導航市場時，Garmin市值瞬間蒸發九成，幸好趁著一帆風順，投入大筆預算研發，把市場轉向數十億人身上，各種運動的智慧穿戴系統有如〇〇七裝備，包括：GPS全能運動錶、高爾夫揮桿追蹤系統，華麗轉身成為登山、潛水等專業運動的第一品牌。

做不到世界第一的產品，就算做好了也能忍痛不上市，這家公司不但有敏銳的市場判斷，還佈建工業四・〇的產線調度，今天下單的數千臺產品，明天就能登機出貨，這種效率還真沒幾家公司做得到！

有的天使降臨人間，只繞行短短一圈就離開了。

大衛・P・英格森是畢業於美國空軍學院的飛行軍官，擔任軍方飛行員與培訓官的20年期間，他幾乎飛遍五大洲的每個國家，經常帶著家人在國外生活和旅行，信仰虔誠的他也修得神學碩士。他的第四個孩子「迦勒」，在出生後的十二個小時，被診斷出有多項罕見疾病，包括先生性心臟病、左心室發育不全症、食道閉鎖和氣管食管瘻、肛門閉鎖等，經歷十大手術，嘴唇長年發紫的迦勒，仍在陽光下燦爛成長，閃耀著金色的頭髮、頑皮的大眼、活潑的笑容。

英格森不停的祈禱與不放棄希望，迦勒卻在一歲四個月時感染愛滋病毒，因為輸血疏失，只活了三年九個月，讓他憤憤不平的質疑上帝沒有意義。但在一年後，他和妻子都不敢相信，第五個孩子誕生了，他們領悟到生活難以盡如人意，必須做點什麼才能超越挫敗。

英格森選擇以自身經驗幫助別人，推動醫療系統改革，他出版了《迦勒歲月》記錄那段心碎的日子，現在，他一邊經營民間公司、提供企業飛行服務，一邊擔當基督徒國際行動任務的總裁工作，給予各國傳教士後勤援助。

命運無法左右，但我們可以決定垂頭嘆氣還是遨遊天際，當一名怠惰的受害者，或是勤奮的創造者。

天才出於勤奮。

馬克西姆・高爾基（十九～二十世紀的蘇聯小說家、劇作家）

一提到天才，人們就想到腦細胞特別多的愛因斯坦，然後，把跟天才有關的句子栽到他頭上。

「天才與瘋子，只有一線之隔。」用來形容愛因斯坦很貼切，他行為失序、怪里怪氣，有讀寫、語言等等障礙，但這句話比他早兩百年登場，是十七世紀的英國詩人約翰・德萊頓的手筆。

「天才和瘋子之間有一條細線，我刪除了這一行。」這句話也不是愛因斯坦說的，而是二十世紀的美國作曲家奧斯卡・黎凡特的自述，他是多方面的天才，卻經常出入精神病院。

「天才有局限，愚蠢卻無限。」這種說法在愛因斯坦出生前就有了，出於十九世紀的法語詞典，引用時可別胡扯啊！

「偉大的藝術天才，為全世界無產階級運動作出很多貢獻。」是俄羅斯領導人列寧對高爾基的讚譽。

高爾基出生在一個造反的年代，寫作與革命是他人生的兩大主軸，他和列寧、史達林為同一陣線的同志，以悲慘際遇寫出《底層》心聲的高爾基，一手扶助弱小，一手串通權貴，如同列寧和史達林搶銀行籌軍糧，一面打著社會主義的美好旗幟，一面成為血洗山河獨裁政權，這些偉人都有著極端的兩副面孔，說翻臉就翻臉。

馬克西姆・高爾基是筆名，「馬克西姆」取自父親的名字，「高爾基」則是指自己命苦，四歲沒了父親，十一歲沒了母親，為了生活做過各種雜工，為了偷時間看書吃盡苦頭，二十四歲發表第一部小說，靠著文才享譽國際，逃過沙皇的政治迫害，流亡數年才被特赦，沒料到，列寧同志奪得政權後，兩人爆發理念衝突，高爾基又被迫出國「養病」，直到列寧過世，在新領導人史達林的熱烈歡迎下才回到蘇聯。

高爾基的作品是社會主義的產物，字裡行間散發濃濃的俄羅斯氣息，因此多次被提名諾貝爾獎而未得獎，老年不堪喪子而病倒，留下小說、劇作、童話、散文詩與文學批評、政論文章等大量文稿。天才的身後待遇也特別不同，高爾基跟愛因斯坦的大腦都被切下來保存，在莫斯科神經學研究所，還有列寧、史達林等頭頭們。

突來的靈感不能取代長期的勤奮。

法蘭索瓦－奧古斯都－雷尼・羅丹（十九～二十世紀的法國雕塑家）

一塊布能神通廣大到什麼程度？

英國凱特王妃的婚紗中美到極緻的蕾絲，迪士尼樂園的遊行裡揉和LED的夜光布，奧運金牌得主腳下飛也似的運動鞋，英特爾機器人身上可感測的智慧衣……，這些獨步全球的布料，都來自臺灣廠商的創意。

不只想得到，還能做得到——別人做不到的程度！

臺灣紡織業超過半世紀的練兵，供料、織染、成衣的能手雲集在北臺灣五十公里內，結合電子業、資訊業的在地優勢，整條產業鏈從沒落夕陽躍升為閃亮明星，建構出高科技的智慧工廠，以雲端平臺的大數據分析，連結自動化產線與上下游業者，也發展出廢料回收、無水染色、自然分解的環保製程。

法國媒體以一則「臺灣打贏世界盃」的報導，揭露臺灣機能布有多強大，它悄悄地攻下世足賽的一半球隊、搶占全球七成市場，並能拒絕客戶的殺價。

法國政府與雕塑家羅丹的糾葛不清，從買下〈青銅時代〉開始。〈青銅時代〉是真人比例的青銅雕塑，由於太過寫實傳神，被謠傳用屍體澆鑄而成，直到羅丹公開雕塑〈行走的人〉，以爐火純青的手法堵住所有人的嘴。

從小喜歡畫畫的羅丹，因買不起顏料，改修雕塑，輾轉當過幾名雕塑家的助手。四十歲那年時來運轉，法國政府收藏〈青銅時代〉，並委託製作裝飾藝術美術館的大門，談好四年交件，但羅丹一做三十七年，至死都沒有完成。

羅丹構思的〈地獄門〉有兩百多個人物，光是解析但丁的《神曲》花了兩年時間，一個〈沉思者〉畫了幾百張草圖，每天往返多個工作室之間，帶領數十名助手試做石膏模型……忙得不可開交。

為了生存，羅丹跟法國政府做了一筆交易，以全部作品交換巴黎工作室的使用權，可惜他隔年就上天堂了。離開前，這位七十六歲的風流才子終於和孩子的媽結婚，兩人共同生活了五十幾年，由此可見，在「現代雕塑之父」的心中，長久的恩情勝過一時的激情。

我嚮往的自由是通過勤奮和努力實現的更廣闊的人生。

山本耀司（二十世紀～的日本時裝設計師）

夢想中，只要中樂透，我的人生就自由了！

現實裡，一夜之間成為億萬富翁的幸運得主，大半在幾年內宣告破產，揮霍的人生像被炸過的焦土。

不管快速致富的泥土有多鬆軟，人們仍爭先恐後的踩進去，以小搏大、買空賣空，絕大多數的人還沒摸著大蘋果，便滾進負債坑。

一生追尋動畫夢想的宮崎駿，在大學主修政治經濟學。他製作電影有三大原則，有趣、有價值、能賺錢，才能支撐數百位動畫師等等的龐大費用，由於他堅持的手繪風格太耗體力，一九九二年拍完《紅豬》後，他首次退休，反覆復出七次，又創作出多部賣座電影，獲得幾十個國際大獎，他體會到「與其無所事事等待死亡，不如在工作途中死去」。

早就不缺錢的宮崎駿老爺爺，快八十歲開始嘗試電腦動畫，展開新的異次元空間。

山本耀司比宮崎駿晚生兩年，也是七十幾歲還活躍在舞臺上的老頑童，他們成長於戰敗的日本，百廢待舉的年代。

父親參戰失蹤，母親日以繼夜的裁縫背影，卑躬屈膝的模樣，深深烙印在山本耀司心中，從小熟悉裁縫的他，按照母親的意思唸完法律系，拗不過興趣的渴望，又去讀時裝設計再到巴黎留學，回國成立服裝工作室。

不同於母親的是，山本耀司會在服裝設計上表現哲思理念，堅決不做左右對稱的衣服，他和川久保美在巴黎掀起一場「黑色革命」，讓女人穿上男性的衣服，在罵聲中捍衛自己的美學，搏得時尚圈的一席之地。

成為全球品牌的山本耀司，提升了裁縫師和女性的社會地位，然而，苦心經營三十多年後，他的品牌因過度投資與金融海嘯，負債高達二十一億新臺幣而申請破產。山本耀司顧慮到自己一倒，上下游廠商跟著倒楣，經過兩年公司重組，不但重回市場，法國還授予藝術與文學的司令勳章，他也設立和平基金，資助中國設計師到日本或歐洲留學。

「自由是要背負很多責任的。」不創作就會死的山本耀司，直到死之前，都沒有退休的打算。

勤奮不能用時間來衡量，要用心態。

高原（二十世紀～的中國暢銷作家）

一群老員工，捨不得老店關門，接手以後，才發現做愈久、賠愈多。

這家老店只有十多坪大，過去經常擠得水洩不通，它是臺北西門町的第一家玩具店，也是最新玩具情報站，位於萬年大樓四樓的「東海模型玩具」，被暱稱為「萬年東海」，是玩具迷必「敗」（Buy）的聖地。

電子遊戲在線上打得火熱，老店逐漸淡出話題焦點，店員卻依然等著客戶上門。新團隊決定不動實體老店，另闢新局、上線廝殺，在網路商城一炮而紅，竟引來一群競爭者，殺到血本無歸，才發現賣愈多、賠愈多。

新團隊也是老員工，他們決定改變心態，每個人都轉型為專精某類玩具的顧問，老店暱稱也轉型為自立門戶的官網招牌，靠著獨到眼光與熱情服務，現已成為全臺灣粉絲量、含金量最多的玩具商城。

主動進擊的真勤奮，比起守株待兔的假勞動，來得有收穫多了。

沒有結果的勤奮，都是作秀！

這是《別再做低品質勤奮者：實現高品質人生的11個關鍵》一書的總結，作者高原是中國江蘇人，大學畢業後到美國華盛頓闖蕩，拖過餐廳地板，做過翻譯人員，也體驗過創業的高低起伏，現為勵志書籍的暢銷作家，擅長融匯中西思想，關於勤奮的當代思潮，他歸納出三大觀點。

一、毀掉你的不是勤奮，而是無用功。「低等勤奮」的概念由前麥肯錫公司合夥人山梨廣一提出，奉勸很愛加班的日本上班族，不要用超長工時進行低生產力的工作，要做「有用的努力」。

二、有益的思考＋做正確的事＝高品質勤奮。這個公式由酷思緯哲CEO阿何提出，其書《別再用勤奮掩飾你的懶惰》，則是精簡小米科技創始人雷軍的名言，「別用戰術上的勤奮掩蓋戰略上的懶惰」，說白話就是不要用手腳的勤奮掩蓋大腦的懶惰，千萬要手腳並用。

三、勤奮不僅是態度，更是專業性很強的技巧。技巧可以訓練，高原整理出十一個面向的具體步驟，引導窮忙族轉型為高品質的勤奮者。

如果你的朋友很忙，說要寫一本曠世巨作，卻整天出門活動筋骨，別懷疑，他已經住進「低等勤奮」的套房，自己不想出來的話，別人想拉也拉不動。

辛勤的蜜蜂沒有時間悲傷。

威廉・布萊克（十八～十九世紀的英國畫家、詩人）

一九九九年九月二十一日凌晨一點四十七分，宛如電影中的世界末日，臺灣島被大力搖晃超過一分鐘半，山體瞬間崩塌、高樓轟然倒下，兩千多條生命還沒搞清楚怎麼回事，就被活埋入土。

全臺灣有五萬多棟房子全倒、五萬多棟房子半倒，九成五集中在南投縣和臺中縣市，南投縣埔里鎮的國中、小學幾乎倒光，同為災民的老師們忙著搶救教具、張羅臨時教室，許多警消人員面對親友驟離，仍打起精神移石挖土、呼喊受困者，安撫驚魂未定的老幼婦孺。

大難來時感受大愛，一碗粥、一條被都來自他人的關懷。災區一度無水無電、十分克難，災民從露天地舖搬進帳蓬，再搬進鐵皮搭建的組合屋，許多災民感動之餘，也捲起袖子加入義工的行列。

地震後不到一個月，埔里產業觀光促進會到臺北市舉辦義賣會，告訴大家：「我們已經站起來了！」

威廉・布萊克看著弟弟的靈魂升起，穿透屋頂、飄向天空，他高興的擊掌歌誦，自己臨終前，也是歡樂的唱著讚美天國的詩歌。

〈彌爾頓〉是布萊克寫的長詩，彌爾頓在詩中化作流星進入布萊克的腳，開啟了詩意的藝術殿堂，布萊克自序：「我是默寫天國的訊息，不論白天夜晚。」詩作寫了四年，布萊克以獨創的凸版蝕刻，直接在銅板上鏡像書寫文字與插畫，印刷後再用水彩上色，又花了幾年功夫。布萊克也擔任彌爾頓多部作品的插畫。

四歲便稱看見上帝的布萊克，身邊常有天使圍繞，被當成瘋子也不意外，他的性格與論點超凡脫俗，和學校與當代氣氛格格不入。他將青春歲月投入繪畫與雕版技藝，也以此為生，詩歌出版靠朋友贊助，敬他如上帝的妻子則全力協助。

活得一文不名的布萊克，七十幾歲還在為但丁的《神曲》畫插圖，雖未完成，卻為後世的羅丹留下一百零二張圖稿，畫到最後一刻的他說：「我已經盡力了。」

正因為他精神如虎，燦爛的燃燒在黑夜之林，死後才能靠著作品復活，而且，愈晚出生的人愈讚揚他，二十一世紀的評論家稱他「遠遠超過英國有史以來最偉大的藝術家」，錦上添花的大紅大紫，應是布萊克生前預見不到的奇景異象吧！

奇蹟，是努力的另一個名字。

《致美麗的妳》（二十一世紀的韓國戲劇）

灰姑娘穿上玻璃鞋的愛情奇蹟，社會地位懸殊的反差萌，令人嚮往。

一些國家在二戰之後，搭乘時代打造的雲霄飛車，達到經濟的高速成長，被稱為「經濟奇蹟」，它不是臺灣的專利。

日本、法國、瑞典、德國、希臘、義大利等國，入座一九四五到一九五十年起飛的第一班列車，西班牙、南韓、臺灣、香港、新加坡，跟上一九六〇年代的第二班列車，以勤奮勞力爭取國際訂單，在殘破瓦礫上建繁華城市。但好景不長，一飛沖天的日本被泡沫經濟打得一蹶不振，前浪慘遭後浪推倒在沙灘上，生產重心轉往成本更低的發展中國家，也就是後來崛起的經濟奇蹟，中國、越南、印尼、泰國等國。

二戰過後的英國老大體虛，接連被美、德、蘇等小子超越，殖民地紛紛建國，日不落國的迅速墜落，也是令人咋舌的另一個奇蹟。

「奇蹟，是努力的另一個名字。」

韓劇中，縈繞在少女腦中的這句話，撐起她的意志力，也撐起又累又渴的身體。只當過啦啦隊的她，這次作為選手奔向馬拉松的終點線，奮力的超越作弊隊伍，創造屬於自己的奇蹟，成為冠軍。

《致美麗的妳》又名《花樣少年少女》，是南韓二〇一二年製作的連戲劇，改編自日本校園漫畫，不同於臺劇與日劇的版本，韓劇發展出「奇蹟＝努力」的核心精神，反映南韓上下的社會氛圍。在二十世紀末期，以國家發展的戰略高度，培植本土的文化產業，到了二十一世紀，韓流成功的襲捲全球，無中生有的產出文創經濟與巨大的邊際效益。

南韓用以大併小的財團經濟，打造出世界主要經濟體的外交實力，也建構了一座貧富懸殊、階級分明的「朝鮮地獄」，從讀書到就業，競爭非常激烈。儘管如此，韓國人仍相信只要努力，醜小鴨也能變成大明星，人生總有美麗奇蹟，不管是電影情節或是現實人生，這種例子還真不少呢！

新銳生活27　PG1899

新銳文創
INDEPENDENT & UNIQUE

輕鬆說好故事：
作文滿分、簡報加分的名人格言100則

作　　者　白千澄
責任編輯　徐佑驊
圖文排版　林宛榆
封面設計　楊廣榕

出版策劃　新銳文創
發 行 人　宋政坤
法律顧問　毛國樑　律師
製作發行　秀威資訊科技股份有限公司
114 台北市內湖區瑞光路76巷65號1樓
電話：+886-2-2796-3638　傳真：+886-2-2796-1377
服務信箱：service@showwe.com.tw
http://www.showwe.com.tw
郵政劃撥　19563868　戶名：秀威資訊科技股份有限公司
展售門市　國家書店【松江門市】
104 台北市中山區松江路209號1樓
電話：+886-2-2518-0207　傳真：+886-2-2518-0778
網路訂購　秀威網路書店：https://store.showwe.tw
國家網路書店：https://www.govbooks.com.tw

出版日期　2019年7月　BOD一版
定　　價　320元

Printed in Taiwan

國家圖書館出版品預行編目

輕鬆說好故事：作文滿分、簡報加分的名人格言100則 / 白千澄著. -- 一版. -- 臺北市：新銳文創, 2019.07

面； 公分. -- (新銳生活；27)

BOD版

ISBN 978-957-8924-57-4(平裝)

1.格言

192.8　　108009704

讀者回函卡

感謝您購買本書，為提升服務品質，請填妥以下資料，將讀者回函卡直接寄回或傳真本公司，收到您的寶貴意見後，我們會收藏記錄及檢討，謝謝！

如您需要了解本公司最新出版書目、購書優惠或企劃活動，歡迎您上網查詢或下載相關資料：http:// www.showwe.com.tw

您購買的書名：______________________________

出生日期：________年________月________日

學歷：□高中（含）以下　□大專　□研究所（含）以上

職業：□製造業　□金融業　□資訊業　□軍警　□傳播業　□自由業

□服務業　□公務員　□教職　□學生　□家管　□其它______

購書地點：□網路書店　□實體書店　□書展　□郵購　□贈閱　□其他

您從何得知本書的消息？

□網路書店　□實體書店　□網路搜尋　□電子報　□書訊　□雜誌

□傳播媒體　□親友推薦　□網站推薦　□部落格　□其他__________

您對本書的評價：（請填代號　1.非常滿意　2.滿意　3.尚可　4.再改進）

封面設計____　版面編排____　內容____　文／譯筆____　價格____

讀完書後您覺得：

□很有收穫　□有收穫　□收穫不多　□沒收穫

對我們的建議：______________________________

____

____

____

請貼
郵票

11466
台北市內湖區瑞光路 76 巷 65 號 1 樓
秀威資訊科技股份有限公司 收
BOD 數位出版事業部

(請沿線對折寄回，謝謝！)

姓　　名：________________　年齡：________　性別：□女　□男

郵遞區號：□□□□□

地　　址：____

聯絡電話：(日) ________________ (夜) ________________

E-mail：____